YACHTSMAN'S

Channel Ports & Approaches

The Solent
Poole
Portland Bill
The Scilly Isles
Le Havre
Cherbourg
Channel Islands
St Malo approaches
Ile de Brehat
Ile d'Ouessant
Chenal du Four

Tidal Stream Rates & Tidal Heights

Michael Reeve-Fowkes

*Comprehensive and detailed tidal streams and
tidal heights in an easy-to-read format.
(Annual Cherbourg tide tables provided free of charge)*

Tidal information for other areas will be found in the
following Yachtsman's Tidal Atlases:

Southern North Sea & Eastern Channel
Central Channel & The Solent
Western Channel

A more detailed explanation of tidal cause and effect and the
theory and practice of navigating in tidal waters can be found in:

The Yachtsman's Manual of Tides

ADLARD COLES NAUTICAL • London

Published by Adlard Coles Nautical
an imprint of A & C Black Publishers Ltd
37 Soho Square, London W1D 3QZ
www.adlardcoles.com

First published 1986 by Barnacle Marine Ltd
New edition 1991
Reprinted 1998 by Thomas Reed Publications
Reprinted 2003 by Adlard Coles Nautical

ISBN 0-7136-6729-X

A CIP catalogue record for this book is available from the British Library.

A & C Black uses paper produced with elemental chlorine-free pulp, harvested from
managed sustainable forests.

Typeset by Typestylers Limited, Ipswich, Suffolk
Printed and bound in Singapore by Tien Wah Press Limited

Note: The information which appears in this Atlas has been derived from a number of
different sources. In addition the author has used his knowledge and experience to
interpolate and make assumptions where the sources were incomplete. Neither the author
nor the publishers can accept any responsibility for any errors or inaccuracies which may
be present.

Introduction

The **Yachtsman's Tidal Atlases** were developed by Michael Reeve-Fowkes as a comprehensive aid to accurate navigation and were first published as part of **The Yachtsman's Manual of Tides** in 1983. In compiling these atlases the author studied data from a number of different sources including tide tables, tidal stream atlases, pilots and charts published by the Hydrographer of the Navy, the Service Hydrographique et Oceanographique de la Marine and the Chef de Hydrographie, and gratefully acknowledged the great benefit he gained from these publications. Additional information was obtained from club rule books, cruising handbooks, magazine articles and from the experience of the author and many of his friends.

Whilst assessing the information thus obtained, the author found it in some cases to be conflicting and often incomplete. He therefore found it necessary when this occurred to make assumptions based on his best judgement, in the belief that such assumptions, made at desk and drawing board, were likely to be better than those which might have to be made at sea, perhaps under difficult conditions.

Anyone using these tidal atlases must be aware that tidal predictions, however carefully they have been produced, can only be approximate and may be adversely affected by prevailing conditions such as wind direction and strength, or storm surges, and when navigating in upper estuaries, by heavy rainfall. Therefore these atlases must always be used with caution, and allowance made for the inherently approximate nature of tidal predictions.

A more detailed explanation of the cause and effect of tides and the theory and practice of navigating in tidal waters can be found in the author's *The Yachtsman's Manual of Tides*, **also published by Adlard Coles Nautical.**

TIME

The Atlas is based upon the time of HW at Cherbourg. The predicted height of the tide at Cherbourg is used to indicate the magnitude of each tidal oscillation: Cherbourg has been selected as the reference port because it has a suitable tidal range and it is a place that is relatively free from the fluctuations in mean sea level that can be prevalent at Dover and other ports.

Note: Cherbourg tide tables are supplied free with each atlas by sending a stamped addressed envelope to the Publishers. They can also be found in all the Almanacs.

Most tide tables for Cherbourg will show the HW times in 'Time Zone –0100'

which is one hour ahead of UT (GMT). British Summer Time is also one hour ahead of UT, so when cruising home waters in the summer time, the actual time read from the tide tables will be the same as the actual clock time. Outside the dates of BST, Time Zone –0100 times will have to have one hour subtracted to equal UT (GMT).

If your Cherbourg tide tables are in UT (GMT) simply add one hour during BST to obtain clock time. Watch out if using local Cherbourg tide tables which list HW in local clock time: French Summer Time is one hour ahead of British Summer Time (and two hours ahead of UT). French Summer Time also operates between different dates from British Summer Time.

UT	= Universal Time ie GMT
Zone –0100	= UT + one hour
British Summer Time	= UT + one hour
French Summer Time	= Zone –0100 + one hour (ie UT + two hours)

Take care to establish at the outset the correct time of Cherbourg HW in relation to the time on the ship's clocks and watches.

ALDERNEY RACE

Passage through the Race should if possible be avoided when wind against tide conditions prevail. On windless days passages south or southwest through the Alderney Race on the ebb stream will be comfortable. However, when heading north or northeast on the flood stream, small areas of turbulence occur as Alderney is approached and passed, coinciding with changes in the depth of water. As a yacht passes north of a line from Quenard Point to Cap de la Hague, observations by the author indicate an area of confused water which extends 6 or 7 miles northwards into the English Channel during the period –2 to + 1½ hours HW Cherbourg; it is also likely that the rate of flood streams in this area exceeds predictions. These uncomfortable conditions can be avoided if a passage is planned so as to pass through the area at slack water.

THE SWINGE AND ORTAC CHANNEL

Race conditions with overfalls will prevail in these channels during both the flood and ebb, and it is therefore advisable to negotiate them at slack water.

Instructions for use

BEFORE SAILING

1. Establish the time printed in your Cherbourg tide tables in relation to your ship's actual clock time (see previous page).

2. From the Cherbourg tide table extract the time of HW for the passage required (Diagram A). Select which section of this atlas you require and enter this time in pencil in the box provided on the page for HW Cherbourg (Diagram B).

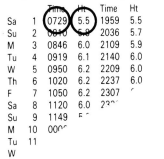

		Time	Ht	Time	Ht
Sa	1	0729	5.5	1959	5.5
Su	2	0810	5.8	2036	5.7
M	3	0846	6.0	2109	5.9
Tu	4	0919	6.1	2140	6.0
W	5	0950	6.2	2209	6.0
Th	6	1020	6.2	2237	6.0
F	7	1050	6.2	2307	
Sa	8	1120	6.0	233?	
Su	9	1149	5.		
M	10	000?			
Tu	11				
W					

DIAGRAM A:
Time and height for Saturday 1st used here.

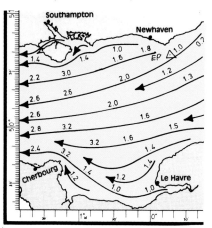

HW Cherbourg **HW**

Time 0729 *(to be inserted)*

DIAGRAM B

3. Turning backwards page by page enter the appropriate times in the boxes for the pages of that section, from "HW −1" to "HW −6". Then enter the appropriate times in the boxes "HW +1" to "HW +6" turning forwards page by page. If the passage is expected to exceed one tidal cycle, repeat this process for the next HW as well: to avoid confusion a note of the date may be added by the pencilled time.

4. From the Cherbourg tide table, also extract the height of Cherbourg HW for the relevant time (Diagram A). Mark this height in pencil on the scale that appears at the top of every table; use a vertical arrow or other similar mark. Mark each table in the same way (Diagram C). It is the position of this arrow that indicates the correct vertical column of figures to use when referring to the tables. If the arrow falls between two vertical columns it will be necessary to interpolate between the figures shown in each column.

5. If both sections of this atlas will be required, mark up the other section in the same way as described above.

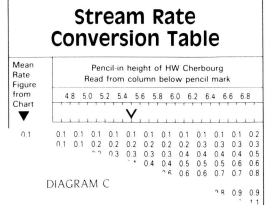

DIAGRAM C

TO FIND THE DIRECTION AND RATE OF A TIDAL STREAM

1. Turn to the page on which your pencilled time for the required area is nearest to the required time.

2. Mark your estimated position on the Tidal Streams Chartlet and find the nearest arrow to your marked position (or interpolate between two arrows) (Diagram D).

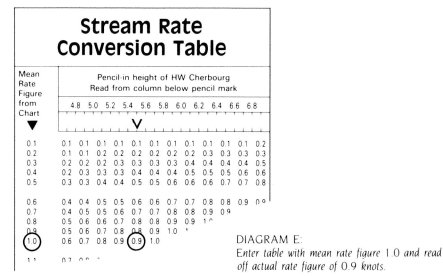

DIAGRAM D:
Direction of flow 236°T, mean rate figure 1.0.

3. Measure the direction of the arrow using a Douglas protractor or similar instrument to obtain (in True) the direction of the tidal stream.

4. Stream Rates shown on the Tidal Streams Chartlets are mean rates: to obtain the actual rate of the tidal stream note this mean rate figure shown by your chosen arrow (or interpolate as necessary).

5. In the Stream Rate Conversion Table, find this mean rate figure in the left-hand column and then read across the table to the column of figures underneath the pencilled mark on the top scale. The figure thus found gives the actual rate of tidal stream in knots. (If your pencil mark is between two vertical columns, interpolate between the figures in each column.) (Diagram E).

Stream Rate Conversion Table

Mean Rate Figure from Chart ▼	Pencil-in height of HW Cherbourg Read from column below pencil mark											
	4.8	5.0	5.2	5.4	5.6	5.8	6.0	6.2	6.4	6.6	6.8	
0.1	0.1	0.1	0.1	0.1	0.1	0.1	0.1	0.1	0.1	0.1	0.2	
0.2	0.1	0.1	0.2	0.2	0.2	0.2	0.2	0.2	0.3	0.3	0.3	0.3
0.3	0.2	0.2	0.2	0.3	0.3	0.3	0.3	0.4	0.4	0.4	0.4	0.5
0.4	0.2	0.3	0.3	0.3	0.4	0.4	0.4	0.5	0.5	0.5	0.6	0.6
0.5	0.3	0.3	0.4	0.4	0.5	0.5	0.6	0.6	0.6	0.7	0.7	0.8
0.6	0.4	0.4	0.5	0.5	0.6	0.6	0.7	0.7	0.8	0.8	0.9	0.9
0.7	0.4	0.5	0.5	0.6	0.7	0.7	0.8	0.8	0.9	0.9		
0.8	0.5	0.6	0.6	0.7	0.8	0.8	0.9	0.9	1.0			
0.9	0.5	0.6	0.7	0.8	0.8	0.9	1.0	1.				
1.0	0.6	0.7	0.8	0.9	1.0							
1.1	0.7	0.8										

DIAGRAM E:
Enter table with mean rate figure 1.0 and read off actual rate figure of 0.9 knots.

TO FIND THE HEIGHT OF TIDE AT THE LISTED PORTS AND PLACES

1. Turn to the page on which your pencilled time is nearest to the required time.
2. From the place listed in the left-hand column of the table "Tidal Heights — Ports and Places", read across the table to the column of figures underneath your pencilled mark on the top scale. The figure thus found gives the height of tide, in metres, above Chart Datum, for the time pencilled in the box on that page (Diagram F).

OFFSHORE HEIGHTS

Tidal Gauges on the Tidal Stream Chartlets give a visual display of the approximate state of the tide at that particular place. The figure beneath the tidal gauge is the average Height of Tide at the time pencilled in the box on the page. Although only an average, this figure is sufficiently accurate to use for most coastal navigation. The vertical movement of the tide is also described briefly on each Chartlet.

TIDAL HEIGHTS — PORTS & PLACES

Pencil-in height of ▶ HW Cherbourg	4.8	5.0	5.2	5.4	5.6	5.8	6.0	6.2	6.4	6.6	6.8
ENGLAND											
Kings Lynn	2.2	2.1	1.9	1.8	1.7	1.5	1.4	1.2	1.1	1.1	1.1
Blakeney Bar	3.0	2.8	2.6	2.4	2.3	2.1	1.9	1.8	1.6	1.5	1.5	1.4
Cromer	2.4	2.3	2.1	2.0	1.8	1.7	1.5	1.4	1.2	1.1	1.1	1.0
Gt. Yarmouth (Gorleston)	1.1	1.0	1.0	0.9	0.8	0.8	0.7	0.7	0.6	0.5	0.4	0.3
Lowestoft	1.1	1.0	1.0	0.9	0.9	0.8	0.8	0.7	0.7	0.7	0.6	0.5
Southwold Haven	1.0	1.0	1.0	1.0	1.0	0.9	0.9	0.9	0.9	0.8	0.8	0.7
Orford Haven appr'ch	1.6	1.6	1.6	1.6	1.6	1.6	1.6	1.6	1.6	1.6	1.7	1.7
Woodbridge Haven	1.9	1.9	1.9	1.9	1.9	2.0	2.0	2.0	2.0	2.1	2.1	2.1
Felixstowe	2.0	2.0	2.0	2.0	2.0	2.0	2.0	2.0	2.0	2.1	2.2	2.2
Harwich	2.2	2.2	2.2	2.2	2.3	2.3	2.3	2.4	2.4	2.4	2.4	2.4
Walton-on-the-Naze	2.2	2.2	2.2	2.3	2.3	2.4	2.4	2.5	2.5	2.5	2.6	2.6
Brightlingsea	2.4	2.5	2.7	2.8	2.9	3.1	3.2	3.4	3.5	3.6	3.7	3.8
Bradwell	2.8	2.9	3.1	3.2	3.3	3.5	3.6	3.8	3.9	3.9		3.8
Burnham	3.2	3.3	3.5	3.6	3.7	3.9	4.0	4.1			
Leigh, Southend	3.3	3.4	3.6	3.7	3.8	3.9	4.1				
London Bridge	4.9	5.2	5.4	5.7	6.0	6.3					
Sheerness	3.4	3.5	3.7	3.8	3.9						
Chatham	3.4	3.6	3.8	4.0							
Rochester	3.5	3.7	3.9								
Whitstable approach	3.5	3.6									
Edinburgh Channels	2.8										
Margate											
Ramsgate											

DIAGRAM F:
Enter table at place required, Cromer, and read off height 1.8m in the column underneath the pencil mark.

Section 1

PORTLAND RACE

An inshore passage between Portland Bill and the Race is possible in moderate weather, but careful timing is advised: these times are noted on the Tidal Stream Chartlet for Portland Bill.

ALDERNEY RACE

Passage through the race should if possible be avoided when wind against tide conditions prevail. On windless days passages south or southwest through the Alderney Race on the ebb stream will be comfortable. However, when heading north or northeast on the flood stream, small areas of turbulence occur as Alderney is approached and passed, coinciding with changes in the depth of water. As a yacht passes north of a line from Quenard Point to Cap de la Hague, observations by the author indicate an area of confused water which extends 6 or 7 miles northwards into the English Channel during the period −2 to +1½ hours HW Cherbourg; it is also likely that the rate of flood streams in this area exceeds predictions. These uncomfortable conditions can be avoided if a passage is planned so as to pass through the area at slack water.

THE SWINGE AND ORTAC CHANNEL

Race conditions with overfalls will prevail in these channels during both the flood and ebb and it is therefore advisable to negotiate them at slack water.

LE HAVRE

Streams in the Seine Maritime can be very much influenced by rainfall and in particular by the spate of water in the Spring which is caused by thawing snow in the mountains. The effect is to delay the flood stream and to reduce the effective speed of a vessel proceeding upstream, although it is usually possible even under these circumstances for a yacht to reach Rouen on a single tide.

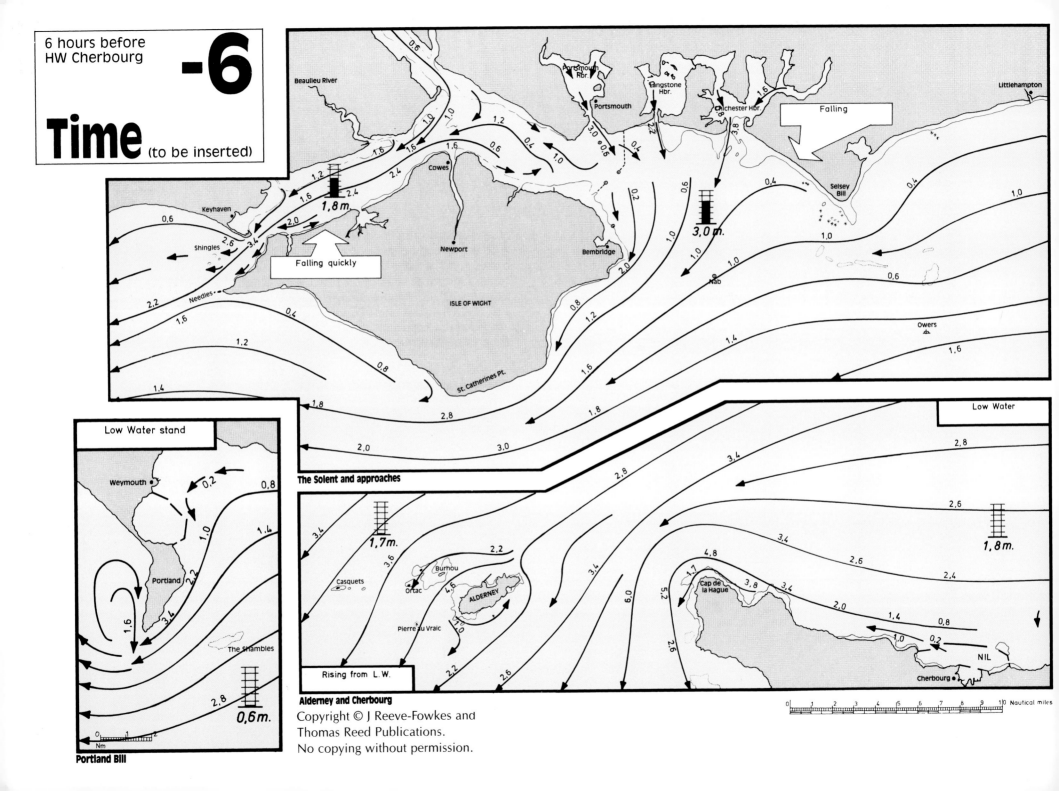

6 hours before HW Cherbourg

-6

Time (to be inserted)

Falling

Falling quickly

Beaulieu River

Littlehampton

Portsmouth Hbr.

Portsmouth

Langstone Hbr.

Chichester Hbr.

Selsey Bill

Keyhaven

Cowes

Newport

Bembridge

Nab

ISLE OF WIGHT

Shingles

Needles

St. Catherines Pt.

Owers

1,8 m.

3,0 m.

The Solent and approaches

Low Water stand

Weymouth

Portland

The Shambles

0,6 m.

Portland Bill

Low Water

1,7m.

1,8 m.

Casquets

Burhou

Ortac

ALDERNEY

Pierre au Vraic

Cap de la Hague

NIL

Cherbourg

Rising from L.W.

Alderney and Cherbourg

0 1 2 3 4 5 6 7 8 9 10 Nautical miles

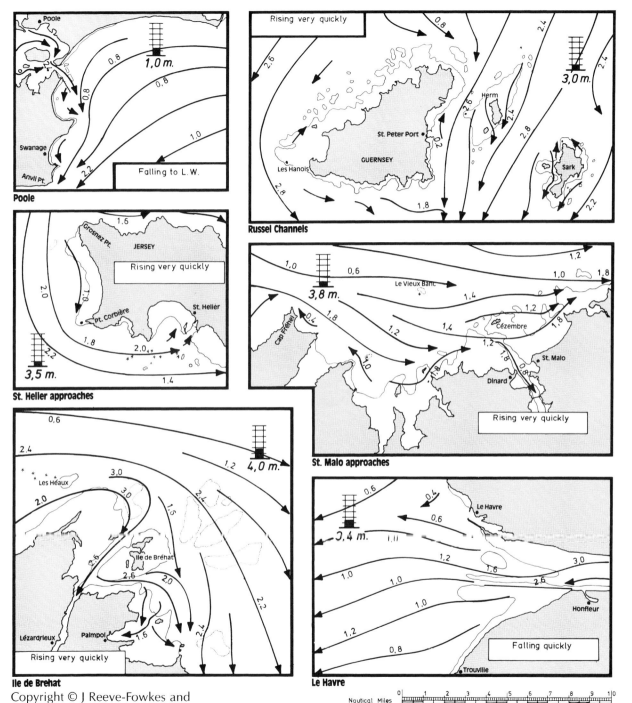

Copyright © J Reeve-Fowkes and
Thomas Reed Publications.
No copying without permission.

Stream Rate Conversion Table

Mean Rate Figure from Chart ▼	Pencil-in height of HW Cherbourg — Read from column below pencil mark											
	4.8	5.0	5.2	5.4	5.6	5.8	6.0	6.2	6.4	6.6	6.8	7.0
0.2	0.1	0.1	0.1	0.1	0.2	0.2	0.2	0.2	0.3	0.3	0.3	0.3
0.4	0.2	0.2	0.2	0.3	0.3	0.4	0.4	0.5	0.5	0.6	0.6	0.7
0.6	0.2	0.3	0.4	0.4	0.5	0.6	0.7	0.7	0.8	0.9	0.9	1.0
0.8	0.4	0.4	0.5	0.6	0.7	0.8	0.9	1.0	1.1	1.1	1.2	1.3
1.0	0.4	0.5	0.6	0.7	0.9	1.0	1.1	1.2	1.3	1.4	1.5	1.7
1.2	0.5	0.6	0.7	0.9	1.0	1.2	1.3	1.4	1.6	1.7	1.9	2.0
1.4	0.6	0.7	0.9	1.0	1.2	1.4	1.5	1.7	1.8	2.0	2.2	2.3
1.6	0.6	0.8	1.0	1.2	1.4	1.6	1.7	1.9	2.1	2.3	2.5	2.7
1.8	0.7	0.9	1.1	1.3	1.5	1.7	2.0	2.2	2.4	2.6	2.8	3.0
2.0	0.8	1.0	1.2	1.5	1.7	1.9	2.2	2.4	2.6	2.9	3.1	3.3
2.2	0.9	1.1	1.4	1.6	1.9	2.1	2.3	2.6	2.9	3.2	3.4	3.7
2.4	0.9	1.2	1.5	1.8	2.1	2.3	2.6	2.9	3.2	3.4	3.7	4.0
2.6	1.0	1.3	1.6	1.9	2.2	2.5	2.8	3.1	3.4	3.7	4.0	4.3
2.8	1.1	1.4	1.7	2.1	2.4	2.7	3.0	3.4	3.7	4.0	4.3	4.7
3.0	1.2	1.5	1.9	2.2	2.6	2.9	3.2	3.6	4.0	4.3	4.6	5.0
3.2	1.3	1.6	2.0	2.4	2.7	3.1	3.4	3.8	4.2	4.6	4.9	5.3
3.4	1.3	1.7	2.1	2.5	2.9	3.3	3.7	4.1	4.5	4.9	5.3	5.7
3.6	1.4	1.8	2.2	2.7	3.1	3.5	3.9	4.3	4.7	5.2	5.6	6.0
3.8	1.5	1.9	2.4	2.8	3.3	3.7	4.1	4.6	5.0	5.4	5.9	6.3
4.0	1.6	2.0	2.5	3.0	3.4	3.9	4.4	4.8	5.3	5.7	6.2	6.7
4.2	1.7	2.1	2.6	3.1	3.6	4.1	4.6	5.0	5.5	6.0	6.5	7.0
4.4	1.7	2.2	2.7	3.3	3.8	4.3	4.8	5.3	5.8	6.3	6.8	7.3
4.6	1.8	2.3	2.9	3.4	3.9	4.5	5.0	5.5	6.1	6.6	7.1	7.7
4.8	1.9	2.4	3.0	3.6	4.1	4.7	5.2	5.8	6.3	6.9	7.4	8.0
5.0	2.0	2.5	3.1	3.7	4.3	4.9	5.4	6.0	6.6	7.2	7.7	8.3
5.2	2.0	2.6	3.2	3.8	4.4	5.0	5.6	6.2	6.8	7.4	8.0	8.6
5.4	2.1	2.8	3.4	4.0	4.6	5.2	5.7	6.5	7.1	7.7	8.4	9.0
5.6	2.2	2.9	3.5	4.1	4.8	5.4	6.1	6.7	7.4	8.0	8.7	9.3
5.8	2.3	3.0	3.6	4.3	5.0	5.6	6.3	7.0	7.6	8.3	9.0	9.6
6.0	2.4	3.1	3.7	4.4	5.1	5.8	6.5	7.2	7.9	8.6	9.3	9.9

TIDAL HEIGHTS — PORTS & PLACES

Pencil-in height of HW Cherbourg ▶	4.8	5.0	5.2	5.4	5.6	5.8	6.0	6.2	6.4	6.6	6.8	7.0
Lymington (& Yarmouth approx)	1.9	1.9	1.9	1.9	1.9	1.9	1.9	1.9	1.9	1.9	1.9	1.9
Portsmouth (Chichester entrance & Cowes approx)	2.7	2.8	3.0	3.1	3.2	3.3	3.4	3.5	3.6	3.6	3.7	3.7
Cherbourg (& Omonville approx)	2.8	2.6	2.4	2.2	2.0	1.8	1.6	1.4	1.2	0.9	0.7	0.4
Braye, Alderney	2.7	2.5	2.3	2.1	1.8	1.6	1.4	1.1	0.9	0.7	0.6	0.4
Weymouth	0.9	0.8	0.8	0.7	0.6	0.5	0.5	0.4	0.3	0.3	0.2	0.2
Poole entrance	1.3	1.2	1.2	1.1	1.1	1.0	0.9	0.9	0.8	0.7	0.6	0.5
Poole Town Quay	1.6	1.5	1.5	1.4	1.4	1.4	1.3	1.3	1.2	1.2	1.1	1.1
St Peter Port & Sark	4.6	4.3	3.9	3.6	3.3	3.0	2.6	2.3	2.0	1.7	1.5	1.2
St Helier	5.5	5.1	4.7	4.3	3.9	3.4	3.0	2.6	2.2	1.9	1.6	1.3
St Malo	6.2	5.7	5.3	4.8	4.3	3.8	3.3	2.8	2.3	2.0	1.7	1.4
Lezardrieux	5.1	4.9	4.7	4.5	4.2	4.0	3.8	3.5	3.3	3.2	3.0	2.9
Paimpol	5.2	4.9	4.6	4.2	3.9	3.5	3.2	2.8	2.5	2.2	2.1	1.9
Le Havre	3.7	3.6	3.6	3.5	3.4	3.4	3.3	3.3	3.2	3.1	3.0	2.9

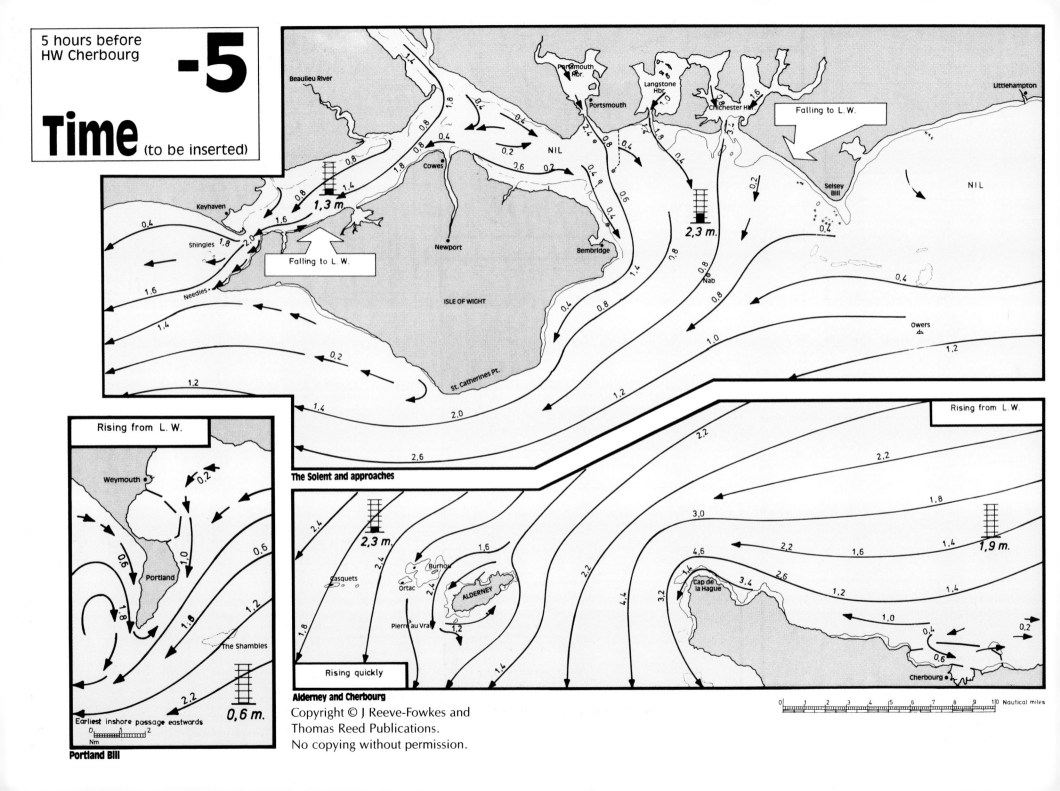

5 hours before HW Cherbourg

-5

Time (to be inserted)

The Solent and approaches

Portland Bill

Alderney and Cherbourg

Rising from L. W.

Falling to L. W.

Falling to L. W.

Rising from L. W.

Rising quickly

Earliest inshore passage eastwards

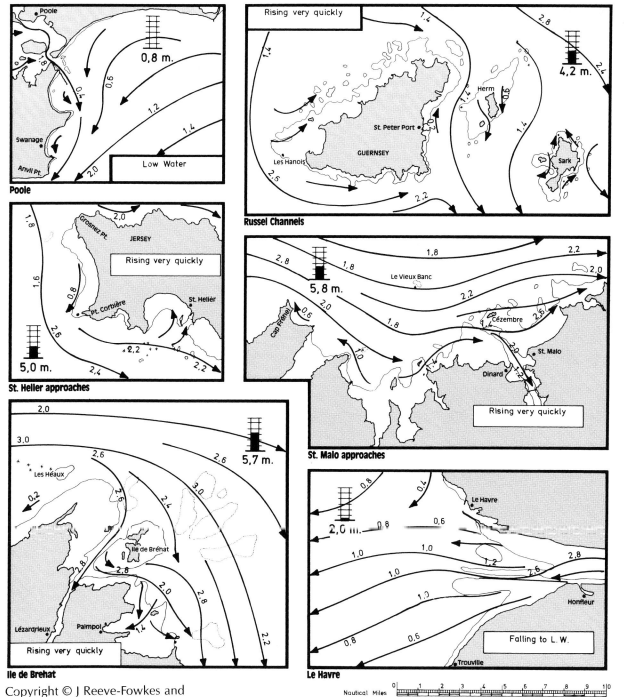

Stream Rate Conversion Table

Mean Rate Figure from Chart ▼	Pencil-in height of HW Cherbourg. Read from column below pencil mark										
	4.8	5.0	5.2	5.4	5.6	5.8	6.0	6.2	6.4	6.6	6.8
0.2	0.1	0.1	0.1	0.1	0.2	0.2	0.2	0.2	0.3	0.3	0.3	0.3
0.4	0.2	0.2	0.2	0.3	0.3	0.4	0.4	0.5	0.5	0.6	0.6	0.7
0.6	0.2	0.3	0.4	0.4	0.5	0.6	0.7	0.7	0.8	0.9	0.9	1.0
0.8	0.4	0.4	0.5	0.6	0.7	0.8	0.9	1.0	1.1	1.1	1.2	1.3
1.0	0.4	0.5	0.6	0.7	0.9	1.0	1.1	1.2	1.3	1.4	1.5	1.7
1.2	0.5	0.6	0.7	0.9	1.0	1.2	1.3	1.4	1.6	1.7	1.9	2.0
1.4	0.6	0.7	0.9	1.0	1.2	1.4	1.5	1.7	1.8	2.0	2.2	2.3
1.6	0.6	0.8	1.0	1.2	1.4	1.6	1.7	1.9	2.1	2.3	2.5	2.7
1.8	0.7	0.9	1.1	1.3	1.5	1.7	2.0	2.2	2.4	2.6	2.8	3.0
2.0	0.8	1.0	1.2	1.5	1.7	1.9	2.2	2.4	2.6	2.9	3.1	3.3
2.2	0.9	1.1	1.4	1.6	1.9	2.1	2.3	2.6	2.9	3.2	3.4	3.7
2.4	0.9	1.2	1.5	1.8	2.1	2.3	2.6	2.9	3.2	3.4	3.7	4.0
2.6	1.0	1.3	1.6	1.9	2.2	2.5	2.8	3.1	3.4	3.7	4.0	4.3
2.8	1.1	1.4	1.7	2.1	2.4	2.7	3.0	3.4	3.7	4.0	4.3	4.7
3.0	1.2	1.5	1.9	2.2	2.6	2.9	3.2	3.6	4.0	4.3	4.6	5.0
3.2	1.3	1.6	2.0	2.4	2.7	3.1	3.4	3.8	4.2	4.6	4.9	5.3
3.4	1.3	1.7	2.1	2.5	2.9	3.3	3.7	4.1	4.5	4.9	5.3	5.7
3.6	1.4	1.8	2.2	2.7	3.1	3.5	3.9	4.3	4.7	5.2	5.6	6.0
3.8	1.5	1.9	2.4	2.8	3.3	3.7	4.1	4.6	5.0	5.4	5.9	6.3
4.0	1.6	2.0	2.5	3.0	3.4	3.9	4.3	4.8	5.3	5.7	6.2	6.7
4.2	1.7	2.1	2.6	3.1	3.6	4.1	4.6	5.0	5.5	6.0	6.5	7.0
4.4	1.7	2.2	2.7	3.3	3.8	4.3	4.8	5.3	5.8	6.3	6.8	7.3
4.6	1.8	2.3	2.9	3.4	3.9	4.5	5.0	5.5	6.1	6.6	7.1	7.6
4.8	1.9	2.4	3.0	3.6	4.1	4.7	5.2	5.8	6.3	6.9	7.4	8.0
5.0	2.0	2.5	3.1	3.7	4.3	4.9	5.4	6.0	6.6	7.2	7.7	8.3
5.2	2.0	2.6	3.2	3.8	4.4	5.0	5.6	6.2	6.8	7.4	8.0	8.6
5.4	2.1	2.8	3.4	4.0	4.6	5.2	5.7	6.5	7.1	7.7	8.4	9.0
5.6	2.2	2.9	3.5	4.1	4.8	5.4	6.1	6.7	7.4	8.0	8.7	9.3
5.8	2.3	3.0	3.6	4.3	5.0	5.6	6.3	7.0	7.6	8.3	9.0	9.6
6.0	2.4	3.1	3.7	4.4	5.1	5.8	6.5	7.2	7.9	8.6	9.3	9.9

TIDAL HEIGHTS — PORTS & PLACES

Pencil-in height of HW Cherbourg ▶	4.8	5.0	5.2	5.4	5.6	5.8	6.0	6.2	6.4	6.6	6.8
Lymington (& Yarmouth approx)	1.7	1.6	1.6	1.5	1.5	1.4	1.3	1.3	1.2	1.1	1.1	1.0
Portsmouth (Chichester entrance & Cowes approx)	2.2	2.2	2.2	2.2	2.2	2.2	2.2	2.2	2.2	2.2	2.1	2.1
Cherbourg (& Omonville approx)	2.9	2.7	2.5	2.3	2.1	1.9	1.7	1.5	1.3	1.0	0.8	0.5
Braye, Alderney	3.0	2.9	2.7	2.6	2.5	2.3	2.2	2.0	1.9	1.8	1.7	1.6
Weymouth	1.0	0.9	0.9	0.8	0.7	0.6	0.5	0.4	0.3	0.3	0.2	0.2
Poole entrance	1.2	1.1	1.1	1.0	1.0	0.9	0.8	0.6	0.5	0.4	0.2	0.1
Poole Town Quay	1.5	1.4	1.4	1.3	1.3	1.2	1.1	0.9	0.8	0.7	0.7	0.6
St Peter Port & Sark	5.1	4.9	4.7	4.5	4.3	4.2	4.0	3.8	3.6	3.4	3.3	3.1
St Helier	6.2	5.9	5.7	5.4	5.2	4.9	4.7	4.4	4.2	4.1	3.9	3.8
St Malo	7.1	6.8	6.6	6.3	6.0	5.7	5.4	5.1	4.8	4.6	4.5	4.3
Lezardrieux	6.0	5.9	5.8	5.8	5.8	5.7	5.7	5.6	5.6	5.6	5.6	5.6
Paimpol	6.0	5.9	5.7	5.6	5.5	5.4	5.2	5.1	5.0	5.0	4.9	4.9
Le Havre	3.3	3.2	3.0	2.9	2.7	2.6	2.4	2.3	2.1	1.9	1.8	1.6

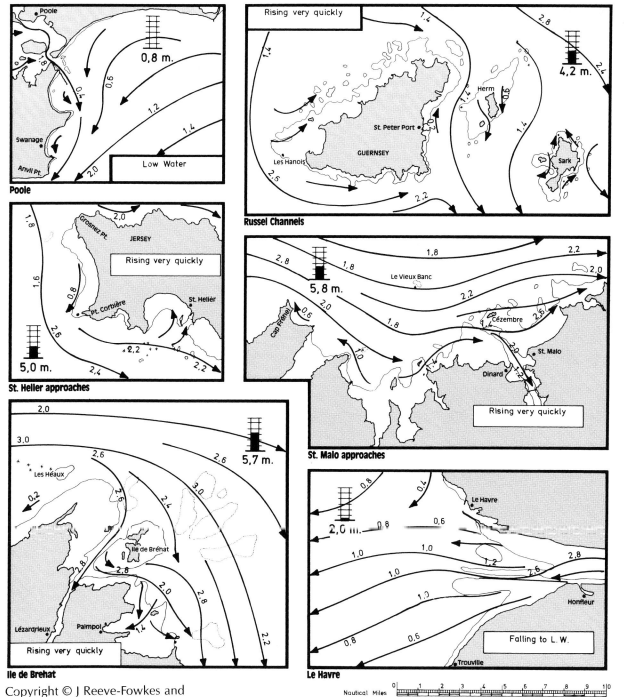

Poole — Low Water — 0,8 m. · 0.6 · 0.4 · 1.2 · 1.4 · 1.8 · 2.0 — Swanage, Anvil Pt.

Russel Channels — Rising very quickly · GUERNSEY · St. Peter Port · Les Hanois · Herm · Sark · 4,2 m. · 1.4 · 2.8 · 2.6 · 1.7 · 1.4 · 2.2

St. Helier approaches — JERSEY · Grosnez Pt. · Pt. Corbière · St. Helier · Rising very quickly · 5,0 m. · 2.0 · 1.8 · 1.9 · 0.8 · 2.6 · 2.2 · 2.4

St. Malo approaches — Le Vieux Banc · Cap Fréhel · Cézembre · St. Malo · Dinard · Rising very quickly · 5,8 m. · 1.8 · 2.8 · 2.0 · 2.2 · 2.0

Ile de Brehat — Les Héaux · Ile de Bréhat · Lézardrieux · Paimpol · Rising very quickly · 5,7 m. · 3.0 · 2.6 · 2.4 · 2.0 · 2.8 · 2.2 · 0.2

Le Havre — Le Havre · Honfleur · Trouville · Falling to L.W. · 2,0 m. · 0.8 · 0.6 · 0.4 · 1.0 · 2.8 · 2.6

Nautical Miles

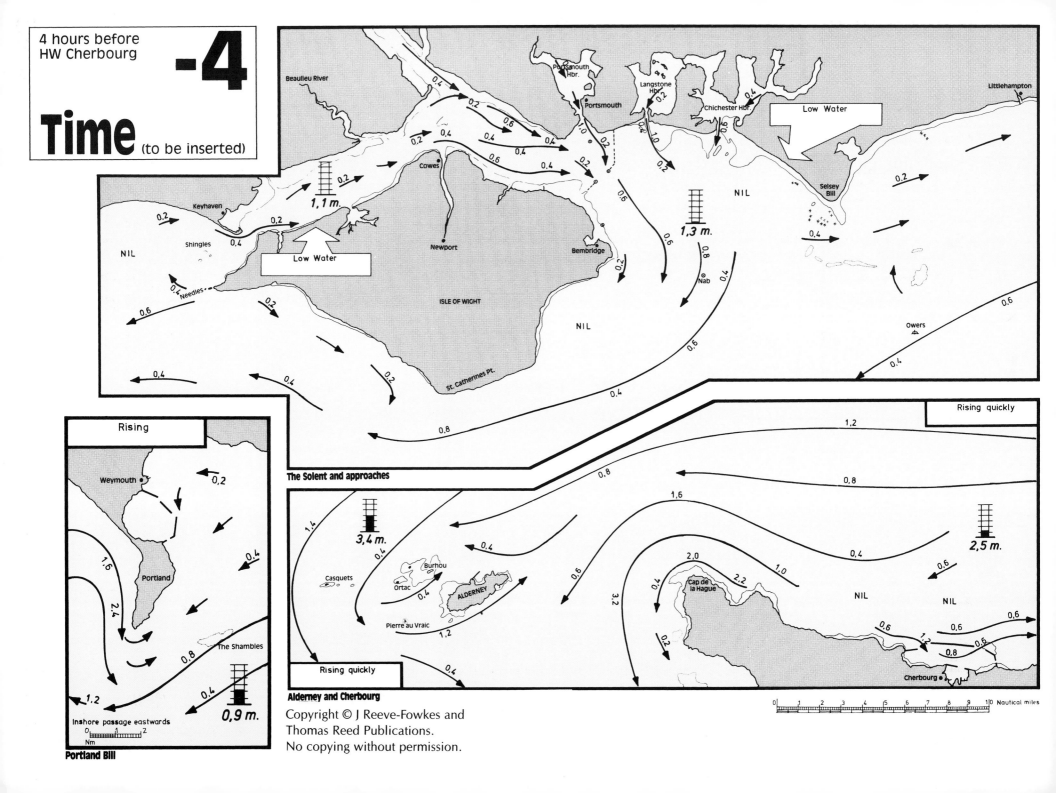

4 hours before HW Cherbourg

−4

Time (to be inserted)

Beaulieu River

Portsmouth Hbr.

Portsmouth

Langstone Hbr.

Chichester Hbr.

Littlehampton

Low Water

NIL

Selsey Bill

1,1 m.

Keyhaven

Shingles

NIL

Needles

Low Water

Cowes

Newport

Bembridge

1,3 m.

Nab

Owers

ISLE OF WIGHT

NIL

NIL

St. Catherines Pt.

Rising quickly

The Solent and approaches

1,2

0,8

0,8

Rising

Weymouth

Portland

The Shambles

0,9 m.

1,2

Inshore passage eastwards

0
Nm
1
2

Portland Bill

1,4

3,4 m.

Casquets

Ortac

Burhou

ALDERNEY

Pierre au Vraic

1,6

2,0

Cap de la Hague

2,2

1,0

3,2

2,5 m.

NIL

NIL

Cherbourg

Rising quickly

Alderney and Cherbourg

Copyright © J Reeve-Fowkes and
Thomas Reed Publications.
No copying without permission.

0 1 2 3 4 5 6 7 8 9 10 Nautical miles

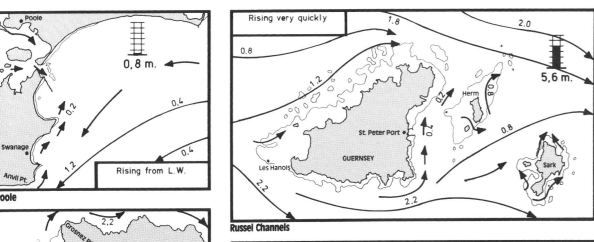

Poole — Rising from L.W. — 0,8 m.

Russel Channels — Rising very quickly — 5,6 m.

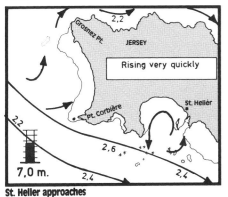

St. Helier approaches — Rising very quickly — 7,0 m.

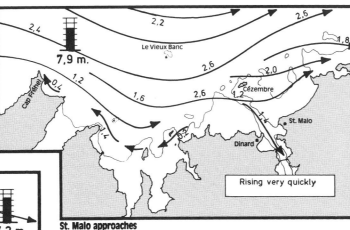

St. Malo approaches — Rising very quickly — 7,9 m. — 7,2 m.

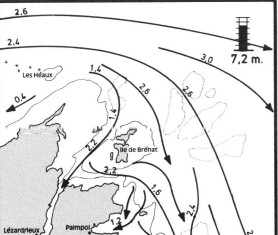

Ile de Bréhat — Rising very quickly

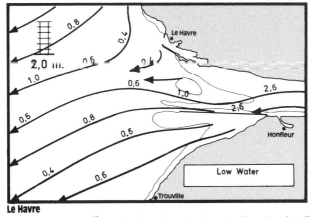

Le Havre — Low Water — 2,0 m.

Nautical Miles 0 1 2 3 4 5 6 7 8 9 10

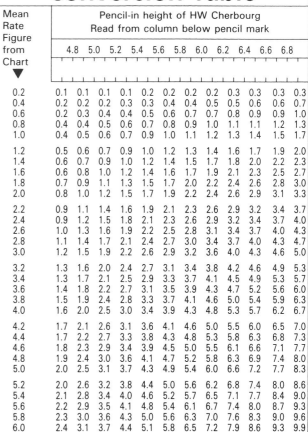

Stream Rate Conversion Table

Mean Rate Figure from Chart ▼	Pencil-in height of HW Cherbourg — Read from column below pencil mark										
	4.8	5.0	5.2	5.4	5.6	5.8	6.0	6.2	6.4	6.6	6.8
0.2	0.1	0.1	0.1	0.1	0.2	0.2	0.2	0.2	0.3	0.3	0.3	0.3
0.4	0.2	0.2	0.2	0.3	0.3	0.4	0.4	0.5	0.5	0.6	0.6	0.7
0.6	0.2	0.3	0.4	0.4	0.5	0.6	0.7	0.7	0.8	0.9	0.9	1.0
0.8	0.4	0.4	0.5	0.6	0.7	0.8	0.9	1.0	1.1	1.1	1.2	1.3
1.0	0.4	0.5	0.6	0.7	0.9	1.0	1.1	1.2	1.3	1.4	1.5	1.7
1.2	0.5	0.6	0.7	0.9	1.0	1.2	1.3	1.4	1.6	1.7	1.9	2.0
1.4	0.6	0.7	0.9	1.0	1.2	1.4	1.5	1.7	1.8	2.0	2.2	2.3
1.6	0.6	0.8	1.0	1.2	1.4	1.6	1.7	1.9	2.1	2.3	2.5	2.7
1.8	0.7	0.9	1.1	1.3	1.5	1.7	2.0	2.2	2.4	2.6	2.8	3.0
2.0	0.8	1.0	1.2	1.5	1.7	1.9	2.2	2.4	2.6	2.9	3.1	3.3
2.2	0.9	1.1	1.4	1.6	1.9	2.1	2.3	2.6	2.9	3.2	3.4	3.7
2.4	0.9	1.2	1.5	1.8	2.1	2.3	2.6	2.9	3.2	3.4	3.7	4.0
2.6	1.0	1.3	1.6	1.9	2.2	2.5	2.8	3.1	3.4	3.7	4.0	4.3
2.8	1.1	1.4	1.7	2.1	2.4	2.7	3.0	3.4	3.7	4.0	4.3	4.7
3.0	1.2	1.5	1.9	2.2	2.6	2.9	3.2	3.6	4.0	4.3	4.6	5.0
3.2	1.3	1.6	2.0	2.4	2.7	3.1	3.4	3.8	4.2	4.6	4.9	5.3
3.4	1.3	1.7	2.1	2.5	2.9	3.3	3.7	4.1	4.5	4.9	5.3	5.7
3.6	1.4	1.8	2.2	2.7	3.1	3.5	3.9	4.3	4.7	5.2	5.6	6.0
3.8	1.5	1.9	2.4	2.8	3.3	3.7	4.1	4.6	5.0	5.4	5.9	6.3
4.0	1.6	2.0	2.5	3.0	3.4	3.9	4.3	4.8	5.3	5.7	6.2	6.7
4.2	1.7	2.1	2.6	3.1	3.6	4.1	4.6	5.0	5.5	6.0	6.5	7.0
4.4	1.7	2.2	2.7	3.3	3.8	4.3	4.8	5.3	5.8	6.3	6.8	7.3
4.6	1.8	2.3	2.9	3.4	3.9	4.5	5.0	5.5	6.1	6.6	7.1	7.6
4.8	1.9	2.4	3.0	3.6	4.1	4.7	5.2	5.8	6.3	6.9	7.4	8.0
5.0	2.0	2.5	3.1	3.7	4.3	4.9	5.4	6.0	6.6	7.2	7.7	8.3
5.2	2.0	2.6	3.2	3.8	4.4	5.0	5.6	6.2	6.8	7.4	8.0	8.6
5.4	2.1	2.8	3.4	4.0	4.6	5.2	5.7	6.5	7.1	7.7	8.4	9.0
5.6	2.2	2.9	3.5	4.1	4.8	5.4	6.1	6.7	7.4	8.0	8.7	9.3
5.8	2.3	3.0	3.6	4.3	5.0	5.6	6.3	7.0	7.6	8.3	9.0	9.6
6.0	2.4	3.1	3.7	4.4	5.1	5.8	6.5	7.2	7.9	8.6	9.3	9.9

TIDAL HEIGHTS — PORTS & PLACES

Pencil-in height of HW Cherbourg ▶	4.8	5.0	5.2	5.4	5.6	5.8	6.0	6.2	6.4	6.6	6.8
Lymington (& Yarmouth approx)	1.5	1.4	1.4	1.3	1.1	1.0	0.9	0.7	0.6	0.5	0.4	0.3
Portsmouth (Chichester entrance & Cowes approx)	2.0	1.9	1.7	1.6	1.4	1.3	1.1	1.0	0.8	0.7	0.6	0.5
Cherbourg (& Omonville approx)	3.2	3.1	2.9	2.8	2.7	2.5	2.4	2.2	2.1	1.9	1.8	1.6
Braye, Alderney	3.4	3.4	3.4	3.4	3.4	3.5	3.5	3.5	3.5	3.5	3.5	3.5
Weymouth	1.0	1.0	1.0	1.0	0.9	0.9	0.9	0.8	0.8	0.8	0.9	0.9
Poole entrance	1.2	1.1	1.1	1.0	1.0	0.9	0.8	0.7	0.6	0.5	0.3	0.2
Poole Town Quay	1.3	1.2	1.2	1.1	1.0	0.9	0.8	0.6	0.5	0.4	0.3	0.2
St Peter Port & Sark	5.6	5.6	5.6	5.6	5.6	5.7	5.7	5.7	5.7	5.7	5.8	5.8
St Helier	6.7	6.8	6.8	6.9	6.9	7.0	7.0	7.1	7.1	7.2	7.2	7.3
St Malo	7.9	7.9	7.9	7.9	7.9	8.0	8.0	8.0	8.0	8.1	8.1	8.2
Lezardrieux	6.6	6.7	6.9	7.0	7.1	7.3	7.4	7.6	7.7	7.8	8.0	8.1
Paimpol	6.7	6.8	7.0	7.1	7.3	7.4	7.6	7.7	7.9	8.0	8.2	8.3
Le Havre	3.1	2.9	2.7	2.5	2.2	2.0	1.8	1.5	1.3	1.1	0.9	0.7

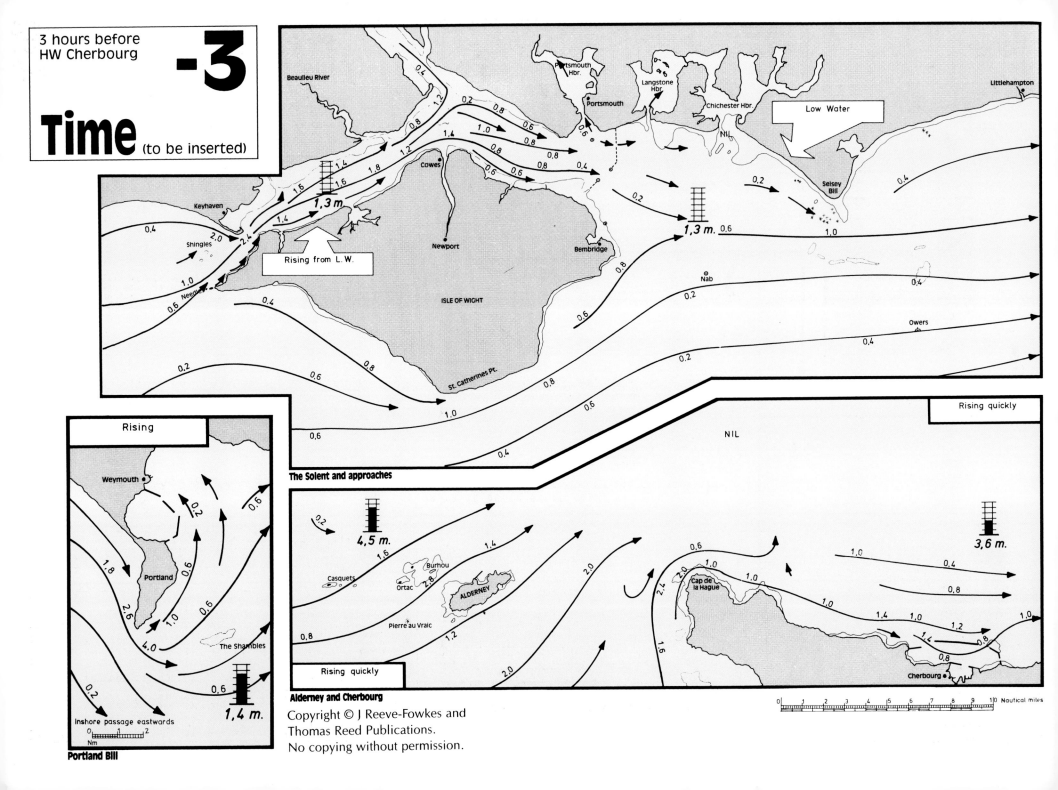

Beaulieu River

Portsmouth Hbr.

Langstone Hbr.

Portsmouth

Chichester Hbr.

Littlehampton

Low Water

0.4

1.2

0.2 0.8

0.8

1.0

0.6

0.6

1.4

0.8 0.8

1.4

0.8 0.8

Cowes

NIL

1.6 1.8

0.6 0.6

0.8 0.4

0.2

Selsey Bill

0.2

0.4

1.3 m

1.4

Keyhaven

2.0

2.4

1.3 m. 0.6

1.0

0.4

Shingles

Rising from L.W.

Newport

Bembridge

Nab

1.0

0.6

Needles

0.8

0.4

Owers

0.4

0.6

0.2

ISLE OF WIGHT

0.6

0.2

0.4

0.2

0.4

0.6

0.8

0.2

St. Catherines Pt.

0.4

1.0

0.6

1.0

0.6

NIL

0.4

The Solent and approaches

Weymouth

0.2

0.6

0.6

1.8

0.6

Portland

0.6

2.6

1.0

4.0

The Shambles

0.6

0.2

1.4 m.

Inshore passage eastwards

0 1 2
Nm

Portland Bill

0.2

4.5 m.

1.6

1.4

Casquets

Burhou

Ortac 2.8

ALDERNEY

2.0

2.4

0.6

1.0

1.0

Cap de la Hague

1.0

1.0

1.0

3.6 m.

1.0

0.4

0.8

1.4 1.0

1.0

Pierre au Vraic

1.2

1.6

2.0

1.4 1.2

1.4

0.8

0.8

Cherbourg

Alderney and Cherbourg

0 1 2 3 4 5 6 7 8 9 10 Nautical miles

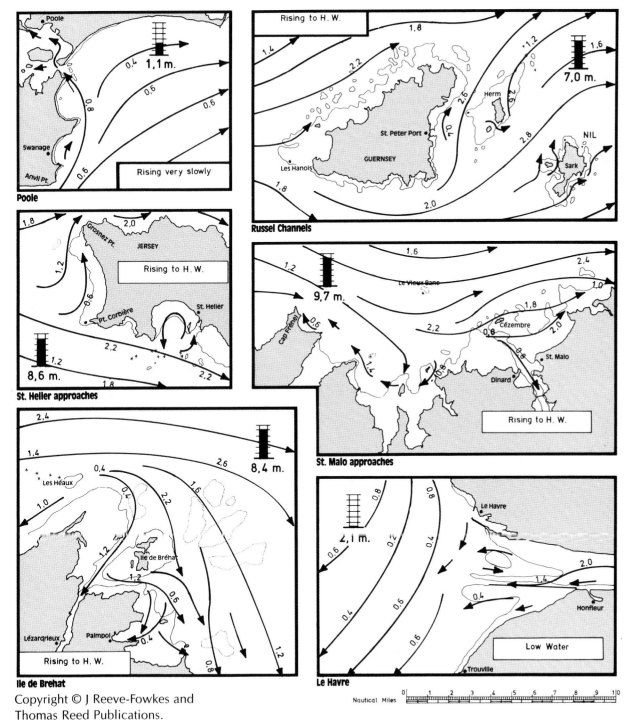

Poole — 1,1 m. — Rising very slowly

Russel Channels — 7,0 m. — Rising to H.W. — NIL (Guernsey, St. Peter Port, Herm, Sark, Les Hanois)

St. Helier approaches — 8,6 m. — Rising to H.W. (Jersey, Grosnez Pt., Pt. Corbière, St. Helier)

St. Malo approaches — 9,7 m. — Rising to H.W. (Cap Fréhel, Le Vieux Banc, Cézembre, St. Malo, Dinard)

Ile de Bréhat — 8,4 m. — Rising to H.W. (Les Héaux, Ile de Bréhat, Lézardrieux, Paimpol)

Le Havre — 2,1 m. — Low Water (Le Havre, Honfleur, Trouville)

Nautical Miles 0 1 2 3 4 5 6 7 8 9 10

Stream Rate Conversion Table

Mean Rate Figure from Chart ▼	Pencil-in height of HW Cherbourg — Read from column below pencil mark											
	4.8	5.0	5.2	5.4	5.6	5.8	6.0	6.2	6.4	6.6	6.8	
0.2	0.1	0.1	0.1	0.1	0.2	0.2	0.2	0.2	0.3	0.3	0.3	0.3
0.4	0.2	0.2	0.2	0.3	0.3	0.4	0.4	0.5	0.5	0.6	0.6	0.7
0.6	0.2	0.3	0.4	0.4	0.5	0.6	0.7	0.7	0.8	0.9	0.9	1.0
0.8	0.4	0.4	0.5	0.6	0.7	0.8	0.9	1.0	1.1	1.1	1.2	1.3
1.0	0.4	0.5	0.6	0.7	0.9	1.0	1.1	1.2	1.3	1.4	1.5	1.7
1.2	0.5	0.6	0.7	0.9	1.0	1.2	1.3	1.4	1.6	1.7	1.9	2.0
1.4	0.6	0.7	0.9	1.0	1.2	1.4	1.5	1.7	1.8	2.0	2.2	2.3
1.6	0.6	0.8	1.0	1.2	1.4	1.6	1.7	1.9	2.1	2.3	2.5	2.7
1.8	0.7	0.9	1.1	1.3	1.5	1.7	2.0	2.2	2.4	2.6	2.8	3.0
2.0	0.8	1.0	1.2	1.5	1.7	1.9	2.2	2.4	2.6	2.9	3.1	3.3
2.2	0.9	1.1	1.4	1.6	1.9	2.1	2.3	2.9	3.2	3.4	3.4	3.7
2.4	0.9	1.2	1.5	1.8	2.1	2.3	2.6	2.9	3.2	3.4	3.7	4.0
2.6	1.0	1.3	1.6	1.9	2.2	2.5	2.8	3.1	3.4	3.7	4.0	4.3
2.8	1.1	1.4	1.7	2.1	2.4	2.7	3.0	3.4	3.7	4.0	4.3	4.7
3.0	1.2	1.5	1.9	2.2	2.6	2.9	3.2	3.6	4.0	4.3	4.6	5.0
3.2	1.3	1.6	2.0	2.4	2.7	3.1	3.4	3.8	4.2	4.6	4.9	5.3
3.4	1.3	1.7	2.1	2.5	2.9	3.3	3.7	4.1	4.5	4.9	5.3	5.7
3.6	1.4	1.8	2.2	2.7	3.1	3.5	3.9	4.3	4.7	5.2	5.6	6.0
3.8	1.5	1.9	2.4	2.8	3.3	3.7	4.1	4.6	5.0	5.4	5.9	6.3
4.0	1.6	2.0	2.5	3.0	3.4	3.9	4.3	4.8	5.3	5.7	6.2	6.7
4.2	1.7	2.1	2.6	3.1	3.6	4.1	4.6	5.0	5.5	6.0	6.5	7.0
4.4	1.7	2.2	2.7	3.3	3.8	4.3	4.8	5.3	5.8	6.3	6.8	7.3
4.6	1.8	2.3	2.9	3.4	3.9	4.5	5.0	5.6	6.1	6.6	7.1	7.7
4.8	1.9	2.4	3.0	3.6	4.1	4.7	5.2	5.8	6.3	6.9	7.4	8.0
5.0	2.0	2.5	3.1	3.7	4.3	4.9	5.4	6.0	6.6	7.2	7.7	8.3
5.2	2.0	2.6	3.2	3.8	4.4	5.0	5.6	6.2	6.8	7.4	8.0	8.6
5.4	2.1	2.8	3.4	4.0	4.6	5.2	5.7	6.5	7.1	7.7	8.4	9.0
5.6	2.2	2.9	3.5	4.1	4.8	5.4	6.1	6.7	7.4	8.0	8.7	9.3
5.8	2.3	3.0	3.6	4.3	5.0	5.6	6.3	7.0	7.6	8.3	9.0	9.6
6.0	2.4	3.1	3.7	4.4	5.1	5.8	6.5	7.2	7.9	8.6	9.3	9.9

TIDAL HEIGHTS — PORTS & PLACES

Pencil-in height of HW Cherbourg ▶	4.8	5.0	5.2	5.4	5.6	5.8	6.0	6.2	6.4	6.6	6.8
Lymington (& Yarmouth approx)	1.6	1.5	1.5	1.4	1.3	1.2	1.1	0.9	0.8	0.7	0.6	0.5
Portsmouth (Chichester entrance & Cowes approx)	2.0	1.9	1.7	1.6	1.4	1.3	1.1	1.0	0.8	0.7	0.5	0.4
Cherbourg (& Omonville approx)	3.7	3.7	3.7	3.7	3.7	3.6	3.6	3.6	3.6	3.6	3.6	3.6
Braye, Alderney	3.9	4.0	4.2	4.3	4.4	4.5	4.7	4.8	4.9	5.0	5.2	5.3
Weymouth	1.3	1.3	1.3	1.3	1.4	1.4	1.4	1.5	1.5	1.6	1.7	1.8
Poole entrance	1.2	1.2	1.2	1.2	1.1	1.1	1.1	1.1	1.1	1.0	1.0	0.9
Poole Town Quay	1.4	1.3	1.3	1.2	1.1	1.0	0.9	0.9	0.8	0.7	0.7	0.6
St Peter Port & Sark	6.0	6.2	6.4	6.6	6.8	7.0	7.2	7.4	7.6	7.8	7.9	8.1
St Helier	7.2	7.5	7.7	8.0	8.3	8.6	8.9	9.2	9.5	9.7	10.0	10.2
St Malo	8.5	8.8	9.0	9.3	9.6	9.8	10.1	10.3	10.6	10.8	11.1	11.3
Lezardrieux	7.2	7.5	7.7	8.0	8.3	8.5	8.8	9.0	9.3	9.5	10.0	10.5
Paimpol	7.1	7.4	7.8	8.1	8.5	8.8	9.2	9.5	9.9	10.2	10.5	10.8
Le Havre	3.5	3.2	3.0	2.7	2.4	2.1	1.8	1.5	1.2	1.0	0.7	0.5

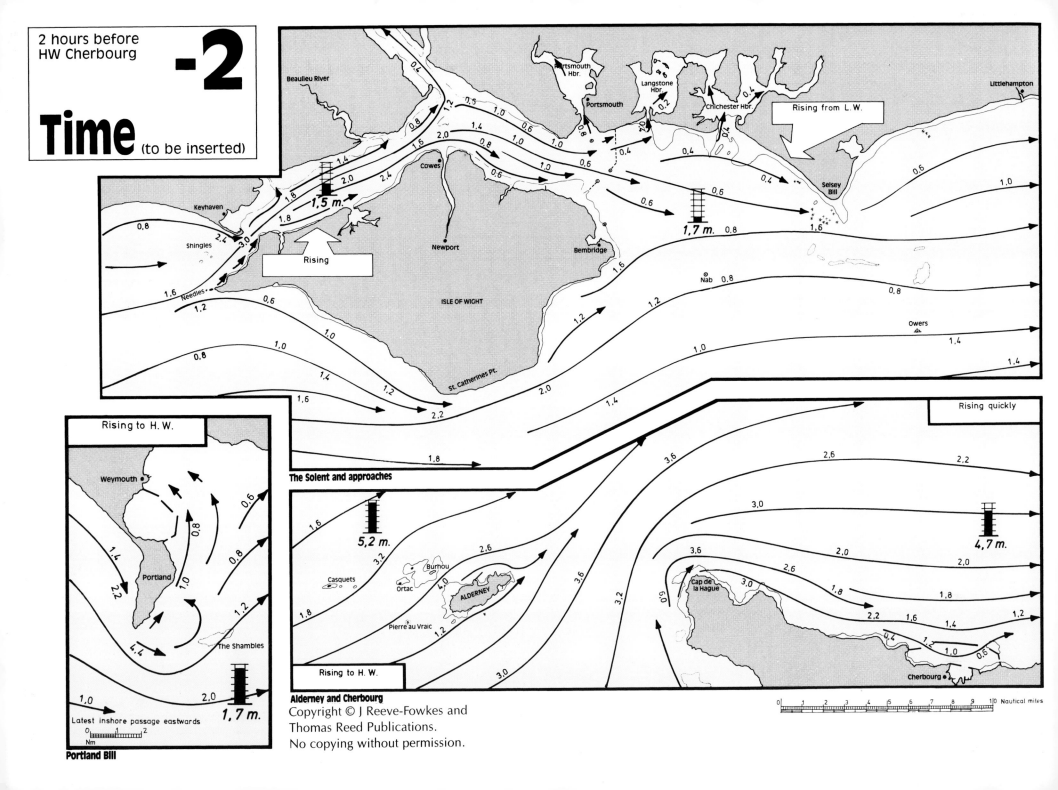

2 hours before HW Cherbourg

-2

Time (to be inserted)

Beaulieu River

Portsmouth Hbr.

Langstone Hbr.

Chichester Hbr.

Littlehampton

Rising from L.W.

Cowes

Keyhaven

Shingles

Needles

Newport

Bembridge

Selsey Bill

1.5 m.

Rising

1.7 m.

Nab

Owers

ISLE OF WIGHT

St. Catherines Pt.

Portsmouth

Rising quickly

The Solent and approaches

Rising to H.W.

Weymouth

Portland

The Shambles

Latest inshore passage eastwards

1.7 m.

Portland Bill

5.2 m.

Casquets

Ortac

Burhou

ALDERNEY

Pierre au Vraic

Cap de la Hague

Cherbourg

4.7 m.

Rising to H.W.

Alderney and Cherbourg

Copyright © J Reeve-Fowkes and
Thomas Reed Publications.
No copying without permission.

Nautical miles

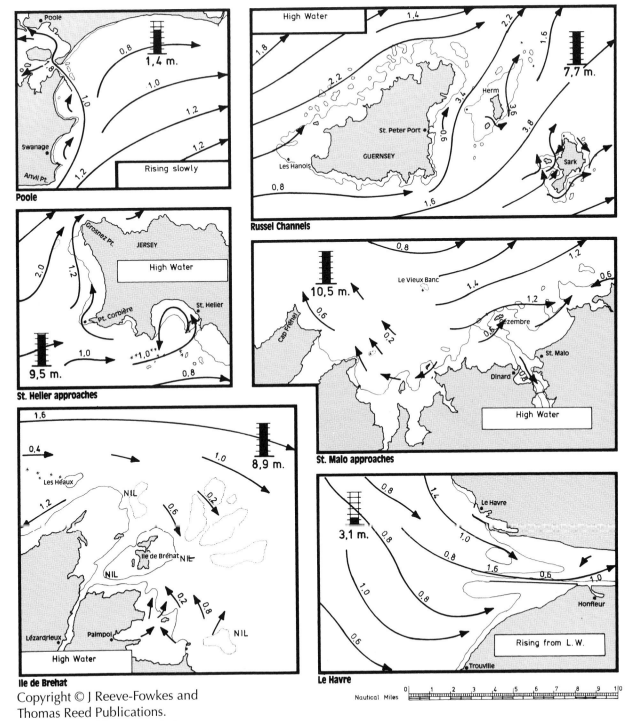

Poole

St. Helier approaches

Ile de Brehat

Russel Channels

St. Malo approaches

Le Havre

Nautical Miles 0 1 2 3 4 5 6 7 8 9 10

Stream Rate Conversion Table

Mean Rate Figure from Chart ▼	Pencil-in height of HW Cherbourg — Read from column below pencil mark										
	4.8	5.0	5.2	5.4	5.6	5.8	6.0	6.2	6.4	6.6	6.8
0.2	0.1	0.1	0.1	0.1	0.2	0.2	0.2	0.2	0.3	0.3	0.3
0.4	0.2	0.2	0.2	0.3	0.3	0.4	0.4	0.5	0.5	0.6	0.6
0.6	0.2	0.3	0.4	0.4	0.5	0.6	0.7	0.7	0.8	0.9	0.9
0.8	0.4	0.4	0.5	0.6	0.7	0.8	0.9	1.0	1.1	1.1	1.2
1.0	0.4	0.5	0.6	0.7	0.9	1.0	1.1	1.2	1.3	1.4	1.5
1.2	0.5	0.6	0.7	0.9	1.0	1.2	1.3	1.4	1.6	1.7	1.9
1.4	0.6	0.7	0.9	1.0	1.2	1.4	1.5	1.7	1.8	2.0	2.2
1.6	0.6	0.8	1.0	1.2	1.4	1.6	1.7	1.9	2.1	2.3	2.5
1.8	0.7	0.9	1.1	1.3	1.5	1.7	2.0	2.2	2.4	2.6	2.8
2.0	0.8	1.0	1.2	1.5	1.7	1.9	2.2	2.4	2.6	2.9	3.1
2.2	0.9	1.1	1.4	1.6	1.9	2.1	2.3	2.6	2.9	3.2	3.4
2.4	0.9	1.2	1.5	1.8	2.1	2.3	2.6	2.9	3.2	3.4	3.7
2.6	1.0	1.3	1.6	1.9	2.2	2.5	2.8	3.1	3.4	3.7	4.0
2.8	1.1	1.4	1.7	2.1	2.4	2.7	3.0	3.4	3.7	4.0	4.3
3.0	1.2	1.5	1.9	2.2	2.6	2.9	3.2	3.6	4.0	4.3	4.6
3.2	1.3	1.6	2.0	2.4	2.7	3.1	3.4	3.8	4.2	4.6	4.9
3.4	1.3	1.7	2.1	2.5	2.9	3.3	3.7	4.1	4.5	4.9	5.3
3.6	1.4	1.8	2.2	2.7	3.1	3.5	3.9	4.3	4.7	5.2	5.6
3.8	1.5	1.9	2.4	2.8	3.3	3.7	4.1	4.6	5.0	5.4	5.9
4.0	1.6	2.0	2.5	3.0	3.4	3.9	4.3	4.8	5.3	5.7	6.2
4.2	1.7	2.1	2.6	3.1	3.6	4.1	4.6	5.0	5.5	6.0	6.5
4.4	1.7	2.2	2.7	3.3	3.8	4.3	4.8	5.3	5.8	6.3	6.8
4.6	1.8	2.3	2.9	3.4	3.9	4.5	5.0	5.6	6.1	6.6	7.1
4.8	1.9	2.4	3.0	3.6	4.1	4.7	5.2	5.8	6.3	6.9	7.4
5.0	2.0	2.5	3.1	3.7	4.3	4.9	5.4	6.0	6.6	7.2	7.7
5.2	2.0	2.6	3.2	3.8	4.4	5.0	5.6	6.2	6.8	7.4	8.0
5.4	2.1	2.8	3.4	4.0	4.6	5.2	5.7	6.5	7.1	7.7	8.4
5.6	2.2	2.9	3.5	4.1	4.8	5.4	6.1	6.7	7.4	8.0	8.7
5.8	2.3	3.0	3.6	4.3	5.0	5.6	6.3	7.0	7.6	8.3	9.0
6.0	2.4	3.1	3.7	4.4	5.1	5.8	6.5	7.2	7.9	8.6	9.3

TIDAL HEIGHTS — PORTS & PLACES

Pencil-in height of HW Cherbourg ▶	4.8	5.0	5.2	5.4	5.6	5.8	6.0	6.2	6.4	6.6	6.8
Lymington (& Yarmouth approx)	1.6	1.6	1.6	1.6	1.5	1.5	1.5	1.4	1.4	1.4	1.3
Portsmouth (Chichester entrance & Cowes approx)	2.1	2.0	2.0	1.9	1.8	1.7	1.6	1.5	1.4	1.4	1.3
Cherbourg (& Omonville approx)	4.2	4.3	4.5	4.6	4.7	4.8	4.9	5.0	5.1	5.2	5.3
Braye, Alderney	4.3	4.5	4.7	4.9	5.1	5.3	5.5	5.7	5.9	6.1	6.3
Weymouth	1.3	1.4	1.4	1.5	1.6	1.7	1.8	1.9	2.0	2.1	2.2
Poole entrance	1.3	1.3	1.3	1.3	1.4	1.4	1.4	1.5	1.5	1.5	1.5
Poole Town Quay	1.4	1.4	1.4	1.4	1.3	1.3	1.3	1.3	1.3	1.3	1.2
St Peter Port & Sark	6.2	6.5	6.9	7.2	7.5	7.8	8.2	8.5	8.8	9.0	9.3
St Helier	7.5	7.9	8.3	8.7	9.2	9.6	10.0	10.5	10.9	11.3	11.6
St Malo	8.4	8.9	9.3	9.8	10.2	10.7	11.1	11.6	12.0	12.3	12.6
Lezardrieux	7.1	7.5	7.9	8.3	8.7	9.0	9.4	9.8	10.2	10.5	10.7
Paimpol	7.2	7.6	8.0	8.4	8.8	9.2	9.6	10.0	10.4	10.7	11.0
Le Havre	4.1	3.9	3.7	3.5	3.3	3.1	2.9	2.7	2.5	2.3	2.2

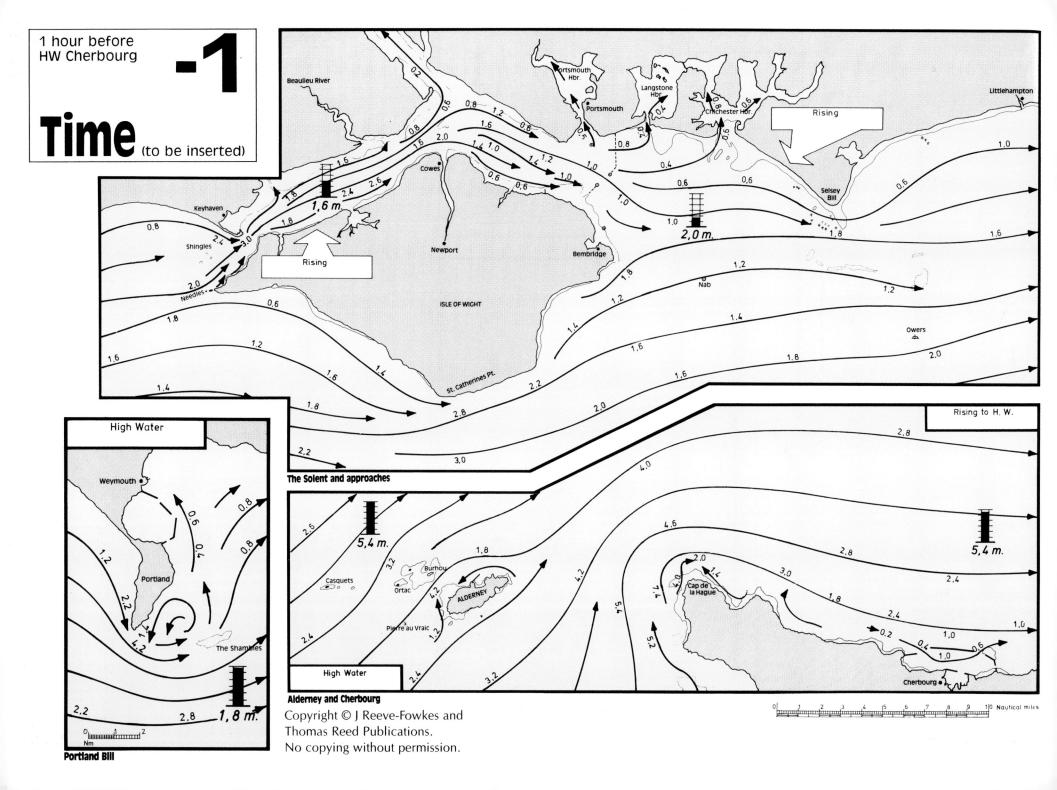

1 hour before HW Cherbourg

-1

Time (to be inserted)

Beaulieu River

Littlehampton

0.2

Portsmouth Hbr.

Langstone Hbr.

Portsmouth

Chichester Hbr.

Rising

0.6 0.8 1.2 1.6 0.6 0.4 0.6

0.8 0.5 0.4

1.6 2.0 1.4 1.0 0.4 0.6

Cowes 1.4 1.2 1.0 0.6 0.6

1.6 m.

0.6 1.0 1.0

Keyhaven 1.8 1.0

Selsey Bill

2.0 m.

1.8 1.8

0.8 2.4

Shingles 2.4 3.0

Newport Bembridge

Rising

2.0 3.0

Needles 1.8

0.6 Nab 1.2 1.2

1.8 1.2 Owers

1.6 1.8 1.2 1.4 2.0

1.2 1.4 1.6 1.8

1.6 1.4 2.2 1.6

ISLE OF WIGHT

St. Catherines Pt.

1.8 2.8 2.0

The Solent and approaches

2.2 3.0

Rising to H. W.

2.8

High Water

Weymouth

0.6 0.8

0.4 0.8

1.2

2.2

Portland

4.2

The Shambles

2.2 2.8 **1.8 m.**

Portland Bill

2.5

5.4 m.

3.2

Casquets

Burhou

1.8

Ortac

ALDERNEY

Pierre au Vraic

2.4

4.2

4.6

4.0 2.0 1.4

7.4 Cap de la Hague

5.4

5.2

3.0 1.8

2.8 5.4 m.

2.4

0.2 1.0

0.4 1.0 0.6

2.4 3.2

Cherbourg

High Water

Alderney and Cherbourg

0 1 2 3 4 5 6 7 8 9 10 Nautical miles

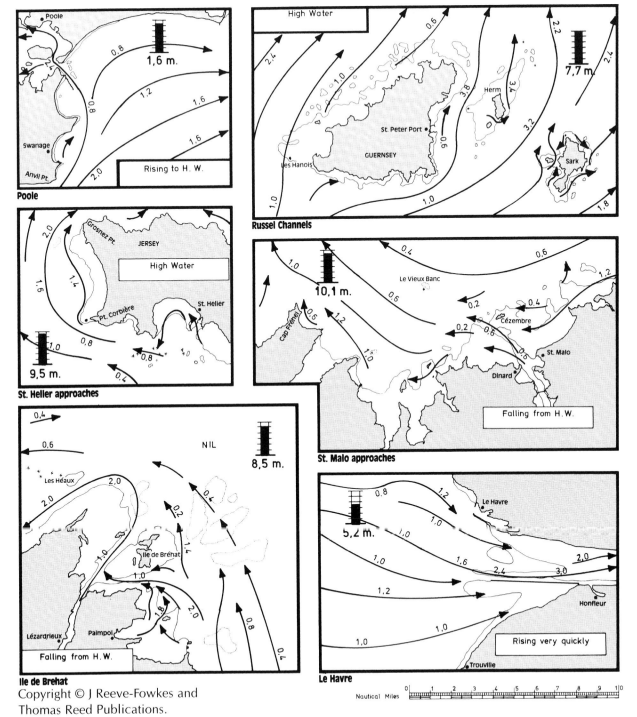

Poole — Rising to H.W. — 1,6 m.

Russel Channels — High Water — 7,7 m.

St. Helier approaches — High Water — 9,5 m.

St. Malo approaches — Falling from H.W. — 10,1 m.

Ile de Brehat — Falling from H.W. — 8,5 m. — NIL

Le Havre — Rising very quickly — 5,2 m.

Nautical Miles 0 1 2 3 4 5 6 7 8 9 10

Stream Rate Conversion Table

Mean Rate Figure from Chart ▼	Pencil-in height of HW Cherbourg — Read from column below pencil mark											
	4.8	5.0	5.2	5.4	5.6	5.8	6.0	6.2	6.4	6.6	6.8	
0.2	0.1	0.1	0.1	0.1	0.2	0.2	0.2	0.2	0.3	0.3	0.3	0.3
0.4	0.2	0.2	0.2	0.3	0.3	0.4	0.4	0.5	0.5	0.6	0.6	0.7
0.6	0.2	0.3	0.3	0.4	0.5	0.6	0.7	0.7	0.8	0.9	0.9	1.0
0.8	0.4	0.4	0.5	0.6	0.7	0.8	0.9	1.0	1.1	1.1	1.2	1.3
1.0	0.4	0.5	0.6	0.7	0.9	1.0	1.1	1.2	1.3	1.4	1.5	1.7
1.2	0.5	0.6	0.7	0.9	1.0	1.2	1.3	1.4	1.6	1.7	1.9	2.0
1.4	0.6	0.7	0.9	1.0	1.2	1.4	1.5	1.7	1.8	2.0	2.2	2.3
1.6	0.6	0.8	1.0	1.2	1.4	1.6	1.7	1.9	2.1	2.3	2.5	2.7
1.8	0.7	0.9	1.1	1.3	1.5	1.7	2.0	2.2	2.4	2.6	2.8	3.0
2.0	0.8	1.0	1.2	1.5	1.7	1.9	2.2	2.4	2.6	2.9	3.1	3.3
2.2	0.9	1.1	1.4	1.6	1.9	2.1	2.3	2.6	2.9	3.2	3.4	3.7
2.4	0.9	1.2	1.5	1.8	2.1	2.3	2.6	2.9	3.2	3.4	3.7	4.0
2.6	1.0	1.3	1.6	1.9	2.2	2.5	2.8	3.1	3.4	3.7	4.0	4.3
2.8	1.1	1.4	1.7	2.1	2.4	2.7	3.0	3.4	3.7	4.0	4.3	4.7
3.0	1.2	1.5	1.9	2.2	2.6	2.9	3.2	3.6	4.0	4.3	4.6	5.0
3.2	1.3	1.6	2.0	2.4	2.7	3.1	3.4	3.8	4.2	4.6	4.9	5.3
3.4	1.3	1.7	2.1	2.5	2.9	3.3	3.7	4.1	4.5	4.9	5.3	5.7
3.6	1.4	1.8	2.2	2.7	3.1	3.5	3.9	4.3	4.7	5.2	5.6	6.0
3.8	1.5	1.9	2.4	2.8	3.3	3.7	4.1	4.6	5.0	5.4	5.9	6.3
4.0	1.6	2.0	2.5	3.0	3.4	3.9	4.3	4.8	5.3	5.7	6.2	6.7
4.2	1.7	2.1	2.6	3.1	3.6	4.1	4.6	5.0	5.5	6.0	6.5	7.0
4.4	1.7	2.2	2.7	3.3	3.8	4.3	4.8	5.3	5.8	6.3	6.8	7.3
4.6	1.8	2.3	2.9	3.4	3.9	4.5	5.0	5.5	6.1	6.6	7.1	7.6
4.8	1.9	2.4	3.0	3.6	4.1	4.7	5.2	5.8	6.3	6.9	7.4	8.0
5.0	2.0	2.5	3.1	3.7	4.3	4.9	5.4	6.0	6.6	7.2	7.7	8.3
5.2	2.0	2.6	3.2	3.8	4.4	5.0	5.6	6.2	6.8	7.4	8.0	8.6
5.4	2.1	2.8	3.4	4.0	4.6	5.2	5.7	6.5	7.1	7.7	8.4	9.0
5.6	2.2	2.9	3.5	4.1	4.8	5.4	6.1	6.7	7.4	8.0	8.7	9.3
5.8	2.3	3.0	3.6	4.3	5.0	5.6	6.3	7.0	7.6	8.3	9.0	9.6
6.0	2.4	3.1	3.7	4.4	5.1	5.8	6.5	7.2	7.9	8.6	9.3	9.9

TIDAL HEIGHTS — PORTS & PLACES

Pencil-in height of HW Cherbourg ▶	4.8	5.0	5.2	5.4	5.6	5.8	6.0	6.2	6.4	6.6	6.8	
Lymington (& Yarmouth approx)	1.7	1.7	1.7	1.7	1.7	1.7	1.7	1.7	1.8	1.8	1.8	1.8
Portsmouth (Chichester entrance & Cowes approx)	2.1	2.1	2.1	2.1	2.0	2.0	2.0	1.9	1.9	1.9	1.8	1.8
Cherbourg (& Omonville approx)	4.6	4.8	5.0	5.2	5.3	5.5	5.7	5.8	6.0	6.2	6.4	6.6
Braye, Alderney	4.4	4.6	4.8	5.0	5.3	5.5	5.7	6.0	6.2	6.4	6.7	6.9
Weymouth	1.2	1.3	1.5	1.6	1.7	1.9	2.0	2.2	2.3	2.5	2.6	2.8
Poole entrance	1.3	1.4	1.4	1.5	1.5	1.6	1.7	1.7	1.8	1.8	1.9	1.9
Poole Town Quay	1.5	1.5	1.5	1.5	1.6	1.6	1.7	1.7	1.8	1.8	1.8	1.9
St Peter Port & Sark	6.1	6.4	6.8	7.1	7.5	7.8	8.2	8.5	8.9	9.1	9.4	9.6
St Helier	7.3	7.8	8.2	8.7	9.1	9.6	10.0	10.5	10.9	11.2	11.6	11.9
St Malo	7.9	8.4	8.8	9.3	9.8	10.3	10.7	11.2	11.7	12.0	12.3	12.6
Lezardrieux	7.0	7.3	7.7	8.0	8.3	8.6	9.0	9.3	9.6	9.9	10.1	10.4
Paimpol	6.9	7.2	7.6	7.9	8.3	8.6	9.0	9.3	9.7	10.0	10.2	10.5
Le Havre	5.1	5.1	5.1	5.1	5.2	5.2	5.2	5.2	5.3	5.3	5.3	5.3

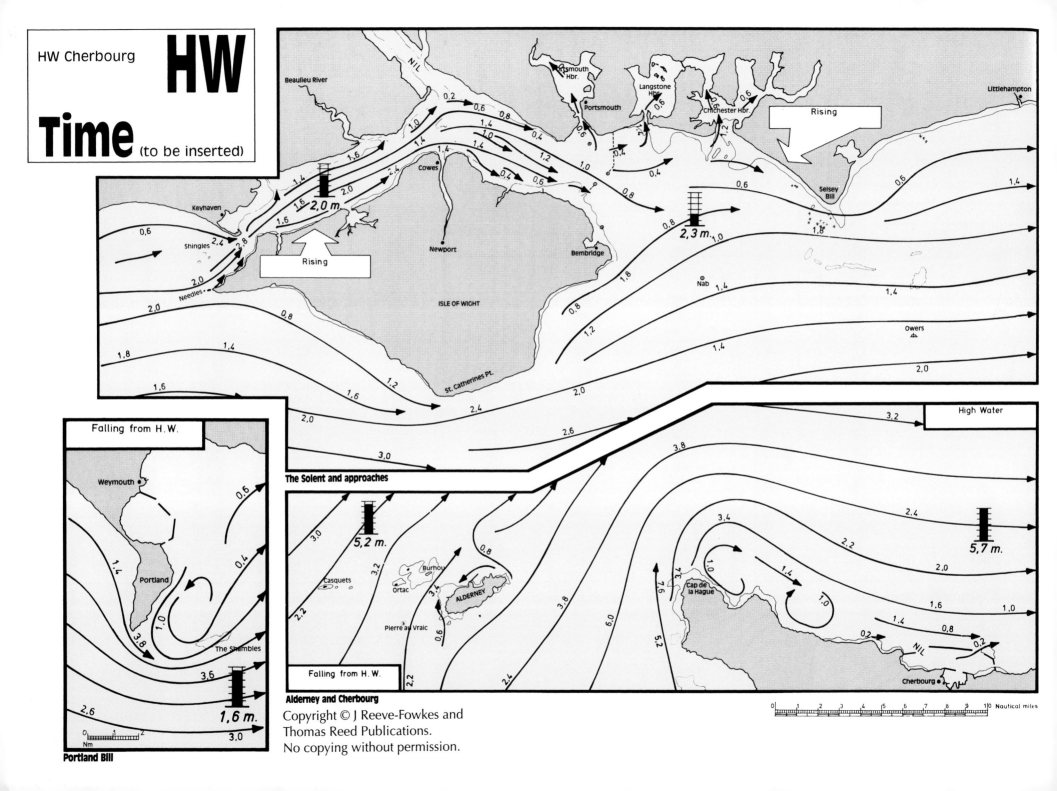

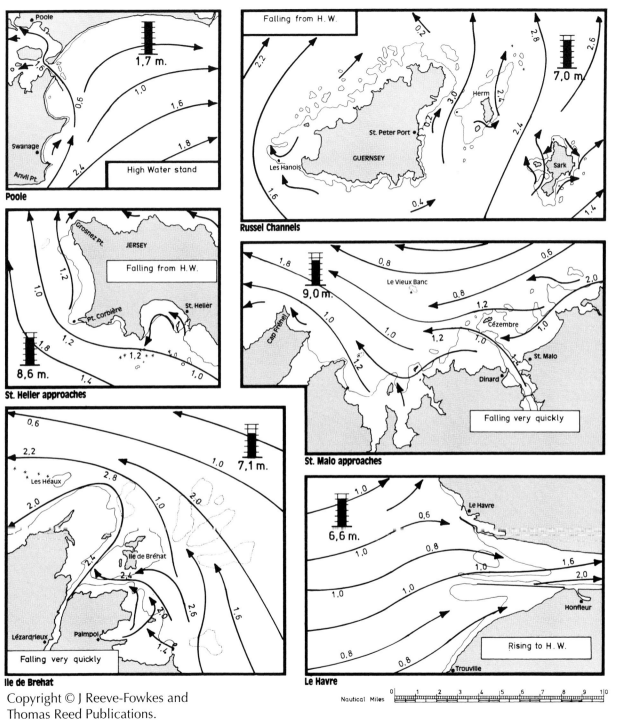

Poole — High Water stand — 1.7 m.

Russel Channels — Falling from H.W. — 7.0 m. (GUERNSEY, St. Peter Port, Herm, Sark, Les Hanois)

St. Helier approaches — Falling from H.W. — 8,6 m. (JERSEY, Grosnez Pt., Pt. Corbière, St. Helier)

St. Malo approaches — Falling very quickly — 9,0 m. (Cap Fréhel, Le Vieux Banc, Cézembre, St. Malo, Dinard) — 7,1 m.

Ile de Brehat — Falling very quickly — 7,1 m. (Les Héaux, Ile de Bréhat, Lézardrieux, Paimpol)

Le Havre — Rising to H.W. — 6,6 m. (Le Havre, Honfleur, Trouville)

Nautical Miles 0 1 2 3 4 5 6 7 8 9 10

Copyright © J Reeve-Fowkes and
Thomas Reed Publications.
No copying without permission.

Stream Rate Conversion Table

Mean Rate Figure from Chart ▼	Pencil-in height of HW Cherbourg — Read from column below pencil mark										
	4.8	5.0	5.2	5.4	5.6	5.8	6.0	6.2	6.4	6.6	6.8
0.2	0.1	0.1	0.1	0.1	0.2	0.2	0.2	0.2	0.3	0.3	0.3	0.3
0.4	0.2	0.2	0.2	0.3	0.3	0.4	0.4	0.5	0.5	0.6	0.6	0.7
0.6	0.2	0.3	0.4	0.4	0.5	0.6	0.7	0.7	0.8	0.9	0.9	1.0
0.8	0.4	0.4	0.5	0.6	0.7	0.8	0.9	1.0	1.1	1.1	1.2	1.3
1.0	0.4	0.5	0.6	0.7	0.9	1.0	1.1	1.2	1.3	1.4	1.5	1.7
1.2	0.5	0.6	0.7	0.9	1.0	1.2	1.3	1.4	1.6	1.7	1.9	2.0
1.4	0.6	0.7	0.9	1.0	1.2	1.4	1.5	1.7	1.8	2.0	2.2	2.3
1.6	0.6	0.8	1.0	1.2	1.4	1.6	1.7	1.9	2.1	2.3	2.5	2.7
1.8	0.7	0.9	1.1	1.3	1.5	1.7	2.0	2.2	2.4	2.6	2.8	3.0
2.0	0.8	1.0	1.2	1.5	1.7	1.9	2.2	2.4	2.6	2.9	3.1	3.3
2.2	0.9	1.1	1.4	1.6	1.9	2.1	2.3	2.6	2.9	3.2	3.4	3.7
2.4	0.9	1.2	1.5	1.8	2.1	2.3	2.6	2.9	3.2	3.4	3.7	4.0
2.6	1.0	1.3	1.6	1.9	2.2	2.5	2.8	3.1	3.4	3.7	4.0	4.3
2.8	1.1	1.4	1.7	2.1	2.4	2.7	3.0	3.4	3.7	4.0	4.3	4.7
3.0	1.2	1.5	1.9	2.2	2.6	2.9	3.2	3.6	4.0	4.3	4.6	5.0
3.2	1.3	1.6	2.0	2.4	2.7	3.1	3.4	3.8	4.2	4.6	4.9	5.3
3.4	1.3	1.7	2.1	2.5	2.9	3.3	3.7	4.1	4.5	4.9	5.3	5.7
3.6	1.4	1.8	2.2	2.7	3.1	3.5	3.9	4.3	4.7	5.2	5.6	6.0
3.8	1.5	1.9	2.4	2.8	3.3	3.7	4.1	4.6	5.0	5.4	5.9	6.3
4.0	1.6	2.0	2.5	3.0	3.4	3.9	4.3	4.8	5.3	5.7	6.2	6.7
4.2	1.7	2.1	2.6	3.1	3.6	4.1	4.6	5.0	5.5	6.0	6.5	7.0
4.4	1.7	2.2	2.7	3.3	3.8	4.3	4.8	5.3	5.8	6.3	6.8	7.3
4.6	1.8	2.3	2.9	3.4	3.9	4.5	5.0	5.6	6.1	6.6	7.1	7.7
4.8	1.9	2.4	3.0	3.6	4.1	4.7	5.2	5.8	6.3	6.9	7.4	8.0
5.0	2.0	2.5	3.1	3.7	4.3	4.9	5.4	6.0	6.6	7.2	7.7	8.3
5.2	2.0	2.6	3.2	3.8	4.4	5.0	5.6	6.2	6.8	7.4	8.0	8.6
5.4	2.1	2.8	3.4	4.0	4.6	5.2	5.7	6.5	7.1	7.7	8.4	9.0
5.6	2.2	2.9	3.5	4.1	4.8	5.4	6.1	6.7	7.4	8.0	8.7	9.3
5.8	2.3	3.0	3.6	4.3	5.0	5.6	6.3	7.0	7.6	8.3	9.0	9.6
6.0	2.4	3.1	3.7	4.4	5.1	5.8	6.5	7.2	7.9	8.6	9.3	9.9

TIDAL HEIGHTS — PORTS & PLACES

Pencil-in height of HW Cherbourg ▶	4.8	5.0	5.2	5.4	5.6	5.8	6.0	6.2	6.4	6.6	6.8
Lymington (& Yarmouth approx)	1.8	1.9	1.9	2.0	2.0	2.1	2.1	2.1	2.1	2.1	2.2	2.2
Portsmouth (Chichester entrance & Cowes approx)	2.4	2.4	2.4	2.4	2.3	2.3	2.3	2.2	2.2	2.2	2.2	2.2
Cherbourg (& Omonville approx)	4.7	4.9	5.1	5.3	5.5	5.7	5.9	6.1	6.3	6.5	6.7	6.9
Braye, Alderney	4.3	4.5	4.7	4.9	5.1	5.3	5.5	5.7	5.9	6.1	6.4	6.6
Weymouth	1.0	1.1	1.3	1.4	1.5	1.6	1.8	1.9	2.0	2.1	2.3	2.4
Poole entrance	1.3	1.4	1.4	1.5	1.5	1.6	1.7	1.9	2.0	2.0	2.1	2.1
Poole Town Quay	1.4	1.5	1.5	1.6	1.7	1.8	1.9	2.0	2.1	2.1	2.2	2.2
St Peter Port & Sark	5.9	6.1	6.3	6.6	6.9	7.1	7.4	7.6	7.9	8.1	8.3	8.5
St Helier	7.0	7.3	7.7	8.0	8.3	8.7	9.0	9.4	9.7	10.0	10.2	10.5
St Malo	7.2	7.6	8.0	8.4	8.8	9.1	9.5	9.9	10.3	10.5	10.7	10.9
Lezardrieux	5.9	6.2	6.4	6.7	6.9	7.2	7.4	7.7	7.9	8.1	8.2	8.4
Paimpol	6.2	6.4	6.6	6.8	7.1	7.3	7.5	7.8	8.0	8.3	8.7	9.0
Le Havre	5.7	5.9	6.1	6.3	6.4	6.6	6.8	7.0	7.1	7.2	7.3	7.4

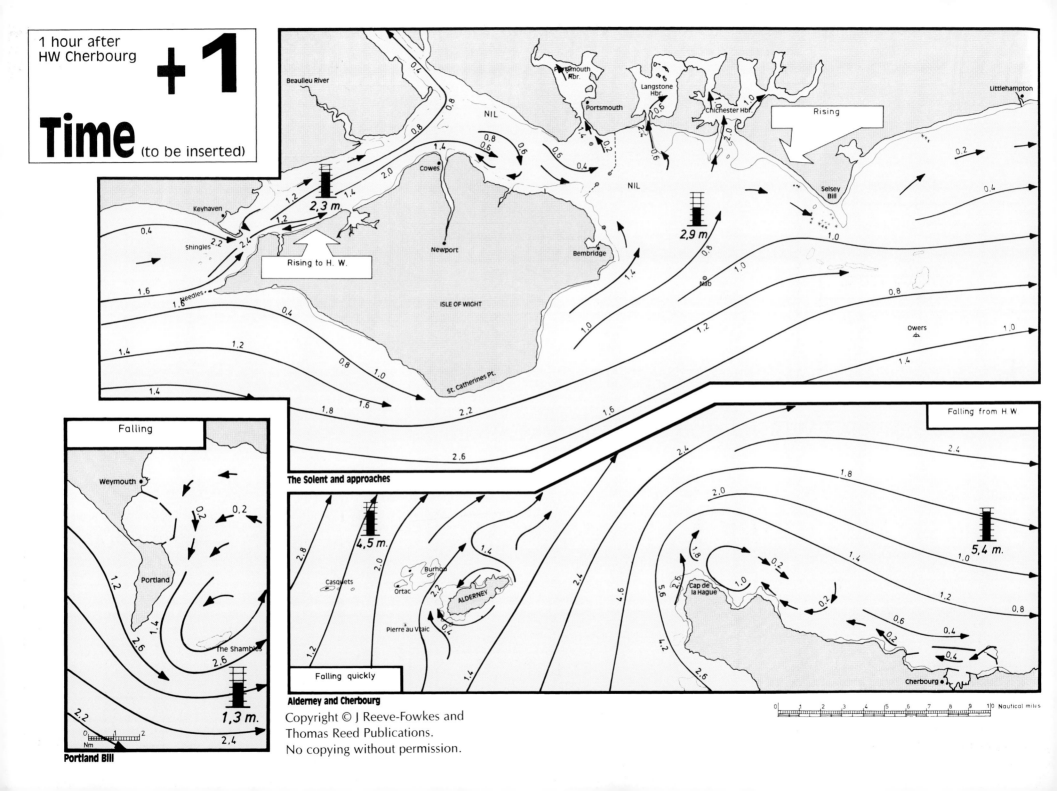

Rising

Beaulieu River

Portsmouth Hbr.

Portsmouth

Langstone Hbr.

Chichester Hbr.

Littlehampton

NIL

NIL

Cowes

2,3 m.

Keyhaven

Shingles

Needles

Rising to H. W.

Newport

Bembridge

2,9 m.

Selsey Bill

Nab

ISLE OF WIGHT

Owers

St. Catherines Pt.

The Solent and approaches

Falling from H W

Falling

Weymouth

Portland

The Shambles

1,3 m.

Portland Bill

Casquets

Ortac

Burhou

ALDERNEY

Pierre au Vraic

4,5 m.

Falling quickly

Cap de la Hague

Cherbourg

5,4 m.

Alderney and Cherbourg

Nautical miles

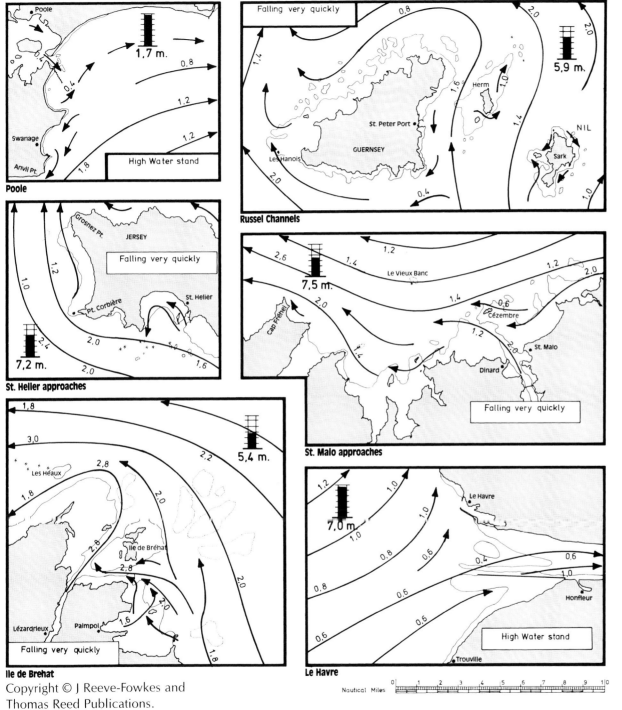

Poole — 1,7 m. — High Water stand

Russel Channels — 5,9 m. — Falling very quickly — NIL

St. Helier approaches — 7,2 m. — Falling very quickly

St. Malo approaches — 7,5 m. — Falling very quickly

Île de Bréhat — 5,4 m. — Falling very quickly

Le Havre — 7,0 m. — High Water stand

Nautical Miles

Stream Rate Conversion Table

Mean Rate Figure from Chart ▼	Pencil-in height of HW Cherbourg — Read from column below pencil mark										
	4.8	5.0	5.2	5.4	5.6	5.8	6.0	6.2	6.4	6.6	6.8
0.2	0.1	0.1	0.1	0.1	0.2	0.2	0.2	0.2	0.3	0.3	0.3
0.4	0.2	0.2	0.2	0.3	0.3	0.4	0.4	0.5	0.5	0.6	0.6
0.6	0.2	0.3	0.4	0.4	0.5	0.6	0.7	0.7	0.8	0.9	0.9
0.8	0.4	0.4	0.5	0.6	0.7	0.8	0.9	1.0	1.1	1.1	1.2
1.0	0.4	0.5	0.6	0.7	0.9	1.0	1.1	1.2	1.3	1.4	1.5
1.2	0.5	0.6	0.7	0.9	1.0	1.2	1.3	1.4	1.6	1.7	1.9
1.4	0.6	0.7	0.9	1.0	1.2	1.4	1.5	1.7	1.8	2.0	2.2
1.6	0.6	0.8	1.0	1.2	1.4	1.6	1.7	1.9	2.1	2.3	2.5
1.8	0.7	0.9	1.1	1.3	1.5	1.7	2.0	2.2	2.4	2.6	2.8
2.0	0.8	1.0	1.2	1.5	1.7	1.9	2.2	2.4	2.6	2.9	3.1
2.2	0.9	1.1	1.4	1.6	1.9	2.1	2.3	2.6	2.9	3.2	3.4
2.4	0.9	1.2	1.5	1.8	2.1	2.3	2.6	2.9	3.2	3.4	3.7
2.6	1.0	1.3	1.6	1.9	2.2	2.5	2.8	3.1	3.4	4.0	4.3
2.8	1.1	1.4	1.7	2.1	2.4	2.7	3.0	3.4	3.7	4.0	4.3
3.0	1.2	1.5	1.9	2.2	2.6	2.9	3.2	3.6	4.0	4.3	4.6
3.2	1.3	1.6	2.0	2.4	2.7	3.1	3.4	3.8	4.2	4.6	4.9
3.4	1.3	1.7	2.1	2.5	2.9	3.3	3.7	4.1	4.5	4.9	5.3
3.6	1.4	1.8	2.2	2.7	3.1	3.5	3.9	4.3	4.7	5.2	5.6
3.8	1.5	1.9	2.4	2.8	3.3	3.7	4.1	4.6	5.0	5.4	5.9
4.0	1.6	2.0	2.5	3.0	3.4	3.9	4.3	4.8	5.3	5.7	6.2
4.2	1.7	2.1	2.6	3.1	3.6	4.1	4.6	5.0	5.5	6.0	6.5
4.4	1.7	2.2	2.7	3.3	3.8	4.3	4.8	5.3	5.8	6.3	6.8
4.6	1.8	2.3	2.9	3.4	3.9	4.5	5.0	5.6	6.1	6.6	7.1
4.8	1.9	2.4	3.0	3.6	4.1	4.7	5.2	5.8	6.3	6.9	7.4
5.0	2.0	2.5	3.1	3.7	4.3	4.9	5.4	6.0	6.6	7.2	7.7
5.2	2.0	2.6	3.2	3.8	4.4	5.0	5.6	6.2	6.8	7.4	8.0
5.4	2.1	2.8	3.4	4.0	4.6	5.2	5.7	6.5	7.1	7.7	8.4
5.6	2.2	2.9	3.5	4.1	4.8	5.4	6.1	6.7	7.4	8.0	8.7
5.8	2.3	3.0	3.6	4.3	5.0	5.6	6.3	7.0	7.6	8.3	9.0
6.0	2.4	3.1	3.7	4.4	5.1	5.8	6.5	7.2	7.9	8.6	9.3

| | 4.8 | 5.0 | 5.2 | 5.4 | 5.6 | 5.8 | 6.0 | 6.2 | 6.4 | 6.6 | 6.8 |
| extra | | | | | | | | | | | 9.9 |

TIDAL HEIGHTS — PORTS & PLACES

Pencil-in height of HW Cherbourg ▶	4.8	5.0	5.2	5.4	5.6	5.8	6.0	6.2	6.4	6.6	6.8
Lymington (& Yarmouth approx)	2.1	2.1	2.1	2.1	2.2	2.2	2.3	2.3	2.4	2.4	2.5	2.5
Portsmouth (Chichester entrance & Cowes approx)	2.8	2.8	2.8	2.8	2.9	2.9	2.9	3.0	3.0	3.0	3.1	3.1
Cherbourg (& Omonville approx)	4.6	4.8	5.0	5.2	5.3	5.5	5.7	5.8	6.0	6.2	6.4	6.5
Braye, Alderney	3.9	4.0	4.2	4.3	4.4	4.6	4.7	4.9	5.0	5.1	5.3	5.4
Weymouth	0.9	1.0	1.0	1.1	1.2	1.3	1.4	1.5	1.6	1.7	1.8	1.9
Poole entrance	1.5	1.5	1.5	1.5	1.6	1.6	1.7	1.8	1.9	2.0	2.0
Poole Town Quay	1.4	1.5	1.5	1.6	1.6	1.7	1.9	2.0	2.2	2.2	2.3	2.3
St Peter Port & Sark	5.3	5.4	5.6	5.7	5.8	5.9	6.1	6.2	6.3	6.4	6.4	6.5
St Helier	6.3	6.5	6.7	6.9	7.1	7.3	7.5	7.7	7.9	8.0	8.1	8.2
St Malo	6.5	6.7	6.9	7.1	7.3	7.6	7.8	8.0	8.2	8.3	8.3	8.4
Lezardrieux	5.1	5.2	5.2	5.3	5.4	5.4	5.5	5.5	5.6	5.6	5.6	5.6
Paimpol	5.3	5.4	5.4	5.5	5.6	5.6	5.7	5.7	5.8	5.8	5.9	5.9
Le Havre	6.1	6.3	6.5	6.7	6.9	7.1	7.3	7.5	7.7	7.8	8.0	8.1

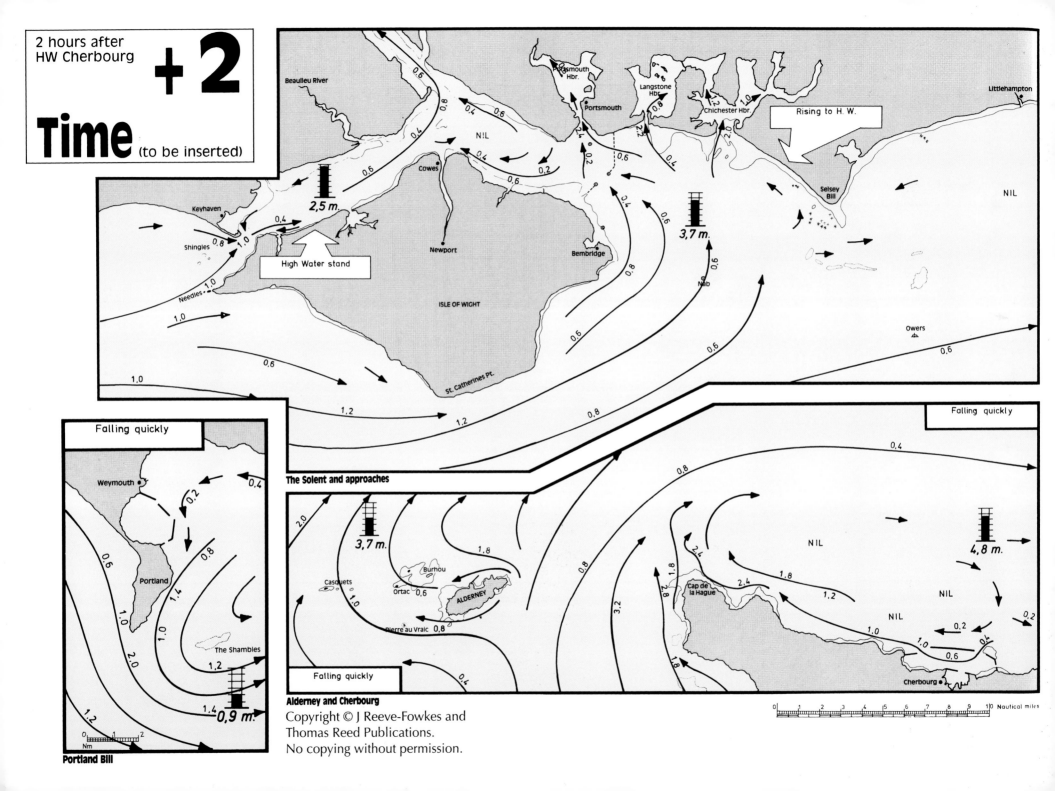

2 hours after HW Cherbourg

+2

Time (to be inserted)

Beaulieu River

Portsmouth Hbr.

Portsmouth

Langstone Hbr.

Chichester Hbr.

Littlehampton

0.8

0.4   0.6

0.8

0.4

NIL

0.4

Cowes

0.6   0.2

2.4   0.2

2.2

0.6

0.4

2.0

1.2   1.0

Rising to H.W.

Selsey Bill

NIL

2,5 m.

Keyhaven

0.4

0.8   1.0

Shingles

Needles   1.0

1.0

High Water stand

Newport

0.4

0.6

0.8

0.6

Bembridge

0.6

Nab

3,7 m.

Owers

ISLE OF WIGHT

0.6

St. Catherines Pt.

0.6   0.6   0.6

1.0   0.6

1.2   1.2   0.8

Falling quickly

The Solent and approaches

0.4

Falling quickly

Weymouth

0.2   0.4

0.8

0.6

Portland

0.8

1.4

1.0

1.0

2.0

The Shambles

1.2

1.4   **0.9 m.**

1.2

0
Nm   1   2

Portland Bill

2.0

3,7 m.

1.8

Casquets

Burhou

Ortac   0.6

ALDERNEY

Pierre au Vraic   0.8

1.0

0.8

0.4

Falling quickly

0.8

3.2

1.8   2.8

2.4   1.8

1.2

Cap de la Hague

1.8

NIL

4,8 m.

NIL

0.2   0.2

NIL

1.0   0.4

1.0   0.6

Cherbourg

Alderney and Cherbourg

0   1   2   3   4   5   6   7   8   9   10   Nautical miles

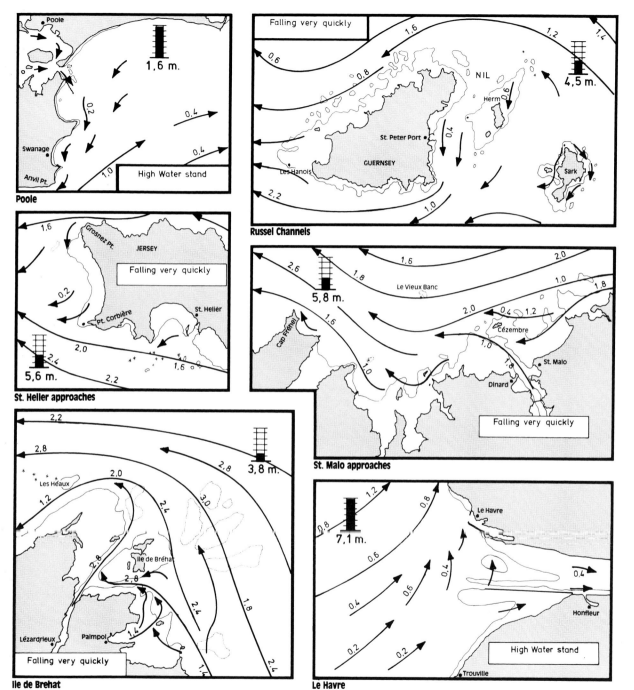

Poole — High Water stand — 1,6 m.

Russel Channels — Falling very quickly — NIL — St. Peter Port, GUERNSEY, Les Hanois, Herm, Sark — 4,5 m.

St. Helier approaches — JERSEY, Grosnez Pt., Falling very quickly, Pt. Corbière, St. Helier — 5,6 m.

St. Malo approaches — Le Vieux Banc, Cap Fréhel, Cézembre, St. Malo, Dinard — Falling very quickly — 5,8 m.

Ile de Brehat — Les Héaux, Ile de Bréhat, Lézardrieux, Paimpol — Falling very quickly — 3,8 m.

Le Havre — Le Havre, Honfleur, Trouville — High Water stand — 7,1 m.

Nautical Miles 0 1 2 3 4 5 6 7 8 9 10

Stream Rate Conversion Table +2

Mean Rate Figure from Chart	Pencil-in height of HW Cherbourg — Read from column below pencil mark										
	4.8	5.0	5.2	5.4	5.6	5.8	6.0	6.2	6.4	6.6	6.8
0.2	0.1	0.1	0.1	0.1	0.2	0.2	0.2	0.2	0.3	0.3	0.3
0.4	0.2	0.2	0.2	0.3	0.3	0.4	0.4	0.5	0.5	0.6	0.6
0.6	0.2	0.3	0.4	0.4	0.5	0.6	0.7	0.7	0.8	0.9	0.9
0.8	0.4	0.4	0.5	0.6	0.7	0.8	0.9	1.0	1.1	1.1	1.2
1.0	0.4	0.5	0.6	0.7	0.9	1.0	1.1	1.2	1.3	1.4	1.5
1.2	0.5	0.6	0.7	0.9	1.0	1.2	1.3	1.4	1.6	1.7	1.9
1.4	0.6	0.7	0.9	1.0	1.2	1.4	1.5	1.7	1.8	2.0	2.2
1.6	0.6	0.8	1.0	1.2	1.4	1.6	1.7	1.9	2.1	2.3	2.5
1.8	0.7	0.9	1.1	1.3	1.5	1.7	2.0	2.2	2.4	2.6	2.8
2.0	0.8	1.0	1.2	1.5	1.7	1.9	2.2	2.4	2.6	2.9	3.1
2.2	0.9	1.1	1.4	1.6	1.9	2.1	2.3	2.6	2.9	3.2	3.4
2.4	0.9	1.2	1.5	1.8	2.1	2.3	2.6	2.9	3.2	3.4	3.7
2.6	1.0	1.3	1.6	1.9	2.2	2.5	2.8	3.1	3.4	3.7	4.0
2.8	1.1	1.4	1.7	2.1	2.4	2.7	3.0	3.4	3.7	4.0	4.3
3.0	1.2	1.5	1.9	2.2	2.6	2.9	3.2	3.6	4.0	4.3	4.6
3.2	1.3	1.6	2.0	2.4	2.7	3.1	3.4	3.8	4.2	4.6	4.9
3.4	1.3	1.7	2.1	2.5	2.9	3.3	3.7	4.1	4.5	4.9	5.3
3.6	1.4	1.8	2.2	2.7	3.1	3.5	3.9	4.3	4.7	5.2	5.6
3.8	1.5	1.9	2.4	2.8	3.3	3.7	4.1	4.6	5.0	5.4	5.9
4.0	1.6	2.0	2.5	3.0	3.4	3.9	4.3	4.8	5.3	5.7	6.2
4.2	1.7	2.1	2.6	3.1	3.6	4.1	4.6	5.0	5.5	6.0	6.5
4.4	1.7	2.2	2.7	3.3	3.8	4.3	4.8	5.3	5.8	6.3	6.8
4.6	1.8	2.3	2.9	3.4	3.9	4.5	5.0	5.6	6.1	6.6	7.1
4.8	1.9	2.4	3.0	3.6	4.1	4.7	5.2	5.8	6.3	6.9	7.4
5.0	2.0	2.5	3.1	3.7	4.3	4.9	5.4	6.0	6.6	7.2	7.7
5.2	2.0	2.6	3.2	3.8	4.4	5.0	5.6	6.2	6.8	7.4	8.0
5.4	2.1	2.8	3.4	4.0	4.6	5.2	5.7	6.5	7.1	7.7	8.4
5.6	2.2	2.9	3.5	4.1	4.8	5.4	6.1	6.7	7.4	8.0	8.7
5.8	2.3	3.0	3.6	4.3	5.0	5.6	6.3	7.0	7.6	8.3	9.0
6.0	2.4	3.1	3.7	4.4	5.1	5.8	6.5	7.2	7.9	8.6	9.3

TIDAL HEIGHTS — PORTS & PLACES

Pencil-in height of HW Cherbourg ▶	4.8	5.0	5.2	5.4	5.6	5.8	6.0	6.2	6.4	6.6	6.8
Lymington (& Yarmouth approx)	2.2	2.3	2.3	2.4	2.4	2.5	2.6	2.7	2.8	2.9	2.9
Portsmouth (Chichester entrance & Cowes approx)	3.3	3.4	3.4	3.5	3.6	3.7	3.7	3.8	3.9	4.0	4.0
Cherbourg (& Omonville approx)	4.4	4.5	4.5	4.6	4.7	4.8	4.9	5.0	5.1	5.2	5.3
Braye, Alderney	3.6	3.6	3.6	3.6	3.7	3.7	3.7	3.8	3.8	3.9	4.0
Weymouth	0.8	0.8	0.8	0.8	0.9	0.9	0.9	1.0	1.0	1.1	1.1
Poole entrance	1.5	1.5	1.5	1.5	1.5	1.5	1.6	1.6	1.7	1.7	1.7
Poole Town Quay	1.6	1.6	1.6	1.6	1.6	1.6	1.7	1.9	2.0	2.0	2.1
St Peter Port & Sark	4.8	4.7	4.7	4.6	4.6	4.5	4.5	4.4	4.4	4.3	4.3
St Helier	5.7	5.7	5.7	5.7	5.7	5.6	5.6	5.6	5.6	5.6	5.5
St Malo	5.8	5.8	5.8	5.8	5.8	5.9	5.9	5.9	5.8	5.8	5.7
Lezardrieux	4.4	4.3	4.1	4.0	3.9	3.8	3.7	3.6	3.5	3.4	3.2
Paimpol	4.6	4.5	4.3	4.2	4.1	4.0	3.9	3.8	3.7	3.5	3.4
Le Havre	6.2	6.4	6.6	6.8	7.0	7.2	7.4	7.6	7.8	7.9	8.1

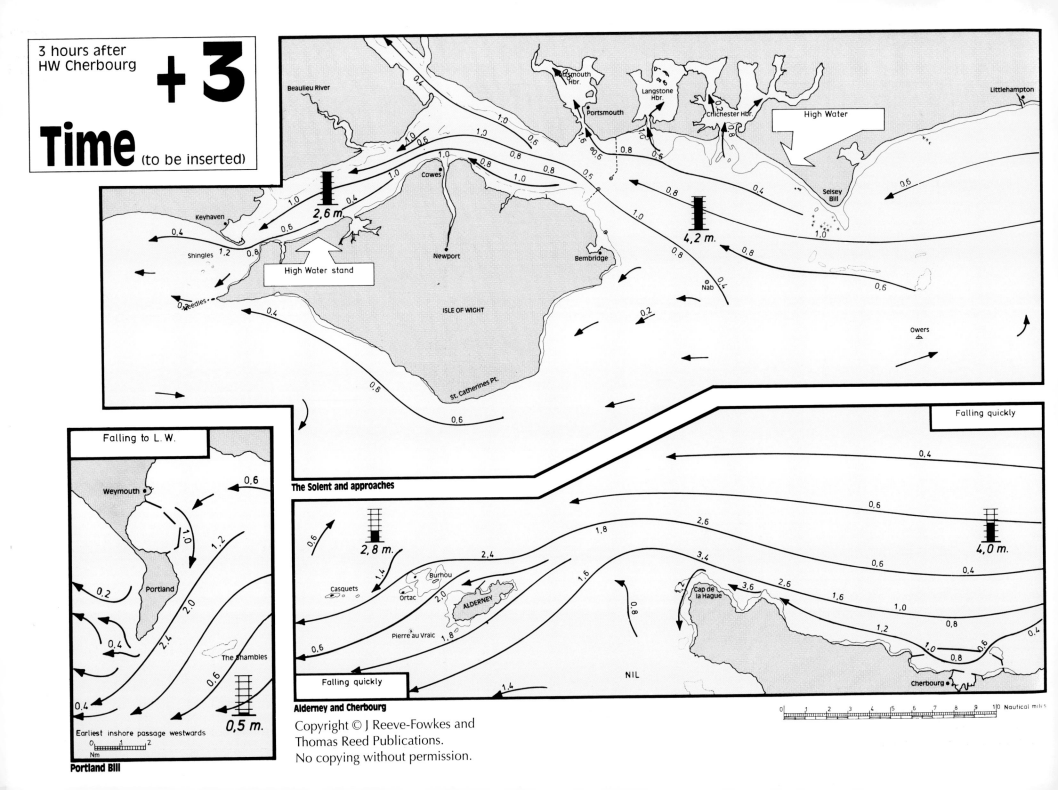

3 hours after
HW Cherbourg

+3

Time (to be inserted)

Beaulieu River

Portsmouth Hbr.

Portsmouth

Langstone Hbr.

Chichester Hbr.

Littlehampton

High Water

0.4

1.0

1.0

0.6

1.0

0.8

0.6

1.6

0.8

0.5

0.2

0.8

0.8

0.4

0.6

2,6 m

Cowes

1.0

0.8

1.0

0.8

0.8

Selsey Bill

1.0

Keyhaven

0.4

0.6

4,2 m.

0.8

0.4

Shingles

1.2

0.8

Newport

Bembridge

0.8

Needles

High Water stand

Nab

0.4

ISLE OF WIGHT

0.2

Owers

0.4

0.6

St. Catherines Pt.

0.6

Falling quickly

The Solent and approaches

0.4

Falling quickly

0.6

0.6

0.6

0.4

Falling to L. W.

Weymouth

0.6

1.0

1.8

2.6

4,0 m.

0.6

2,4

0.2

1.2

1.4

2,8 m.

3.4

0.4

2.4

Casquets

Burhou

1.6

Cap de
la Hague

3,6

2.6

1.6

Portland

Ortac

2.0

ALDERNEY

0.8

1,2

1.0

0.8

0.4

2.0

1.8

Pierre au Vraic

0.6

The Shambles

0.6

1,8

NIL

1.2

0.8

0.6

0,5 m.

0.4

0.6

Falling quickly

1,4

Cherbourg

Earliest inshore passage westwards

Alderney and Cherbourg

0 1 2 3 4 5 6 7 8 9 10 Nautical miles

0 1 2
Nm

Portland Bill

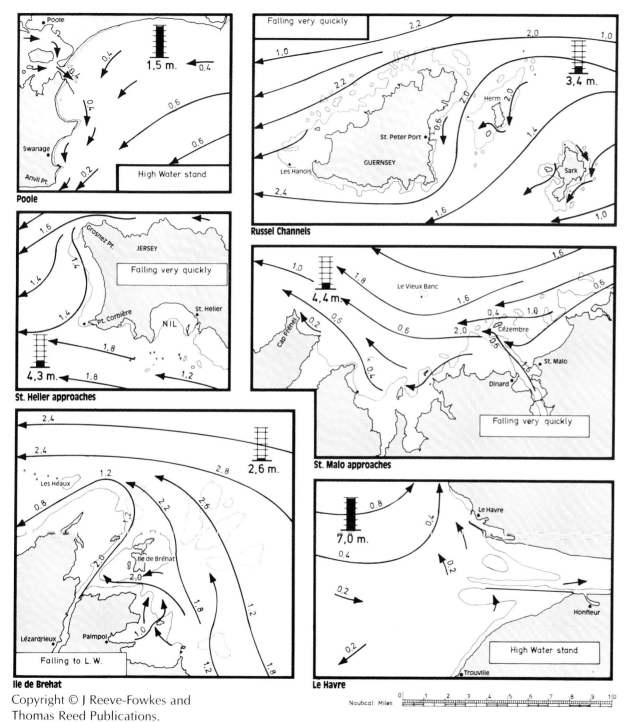

Poole — 1,5 m. — High Water stand

Russel Channels — Falling very quickly — 3,4 m. — GUERNSEY — St. Peter Port — Les Hanois — Herm — Sark

St. Helier approaches — JERSEY — Grosnez Pt. — Falling very quickly — Pt. Corbière — St. Helier — NIL — 4,3 m.

St. Malo approaches — 4,4 m. — Le Vieux Banc — Cap Fréhel — Cézembre — St. Malo — Dinard — Falling very quickly

Ile de Brehat — 2,6 m. — Les Héaux — Ile de Bréhat — Lézardrieux — Paimpol — Falling to L.W.

Le Havre — 7,0 m. — Le Havre — Honfleur — Trouville — High Water stand

Nautical Miles 0 1 2 3 4 5 6 7 8 9 10

Stream Rate Conversion Table

Mean Rate Figure from Chart ▼	Pencil-in height of HW Cherbourg — Read from column below pencil mark											
	4.8	5.0	5.2	5.4	5.6	5.8	6.0	6.2	6.4	6.6	6.8	
0.2	0.1	0.1	0.1	0.1	0.2	0.2	0.2	0.2	0.3	0.3	0.3	0.3
0.4	0.2	0.2	0.2	0.3	0.3	0.4	0.4	0.5	0.5	0.6	0.6	0.7
0.6	0.2	0.3	0.4	0.4	0.5	0.6	0.7	0.7	0.8	0.9	0.9	1.0
0.8	0.4	0.4	0.5	0.6	0.7	0.8	0.9	1.0	1.1	1.1	1.2	1.3
1.0	0.4	0.5	0.6	0.7	0.9	1.0	1.1	1.2	1.3	1.4	1.5	1.7
1.2	0.5	0.6	0.7	0.9	1.1	1.2	1.3	1.4	1.6	1.7	1.9	2.0
1.4	0.6	0.7	0.9	1.0	1.2	1.4	1.5	1.7	1.8	2.0	2.2	2.3
1.6	0.6	0.8	1.0	1.2	1.4	1.6	1.7	1.9	2.1	2.3	2.5	2.7
1.8	0.7	0.9	1.1	1.3	1.5	1.7	2.0	2.2	2.4	2.6	2.8	3.0
2.0	0.8	1.0	1.2	1.5	1.7	1.9	2.2	2.4	2.6	2.9	3.1	3.3
2.2	0.9	1.1	1.4	1.6	1.9	2.1	2.3	2.6	2.9	3.2	3.4	3.7
2.4	0.9	1.2	1.5	1.8	2.1	2.3	2.6	2.9	3.2	3.4	3.7	4.0
2.6	1.0	1.3	1.6	1.9	2.2	2.5	2.8	3.1	3.4	3.7	4.0	4.3
2.8	1.1	1.4	1.7	2.1	2.4	2.7	3.0	3.4	3.7	4.0	4.3	4.7
3.0	1.2	1.5	1.9	2.2	2.6	2.9	3.2	3.6	4.0	4.3	4.6	5.0
3.2	1.3	1.6	2.0	2.4	2.7	3.1	3.4	3.8	4.2	4.6	4.9	5.3
3.4	1.3	1.7	2.1	2.5	2.9	3.3	3.7	4.1	4.5	4.9	5.3	5.7
3.6	1.4	1.8	2.2	2.7	3.1	3.5	3.9	4.3	4.7	5.2	5.6	6.0
3.8	1.5	1.9	2.4	2.8	3.3	3.7	4.1	4.6	5.0	5.4	5.9	6.3
4.0	1.6	2.0	2.5	3.0	3.4	3.9	4.3	4.8	5.3	5.7	6.2	6.7
4.2	1.7	2.1	2.6	3.1	3.6	4.1	4.6	5.0	5.5	6.0	6.5	7.0
4.4	1.7	2.2	2.7	3.3	3.8	4.3	4.8	5.3	5.8	6.3	6.8	7.3
4.6	1.8	2.3	2.9	3.4	3.9	4.5	5.0	5.5	6.1	6.6	7.1	7.7
4.8	1.9	2.4	3.0	3.6	4.1	4.7	5.2	5.8	6.3	6.9	7.4	8.0
5.0	2.0	2.5	3.1	3.7	4.3	4.9	5.4	6.0	6.6	7.2	7.7	8.3
5.2	2.0	2.6	3.2	3.8	4.4	5.0	5.6	6.2	6.8	7.4	8.0	8.6
5.4	2.1	2.8	3.4	4.0	4.6	5.2	5.7	6.5	7.1	7.7	8.4	9.0
5.6	2.2	2.9	3.5	4.1	4.8	5.4	6.1	6.7	7.4	8.0	8.7	9.3
5.8	2.3	3.0	3.6	4.3	5.0	5.6	6.3	7.0	7.6	8.3	9.0	9.6
6.0	2.4	3.1	3.7	4.4	5.1	5.8	6.5	7.2	7.9	8.6	9.3	9.9

TIDAL HEIGHTS — PORTS & PLACES

Pencil-in height of HW Cherbourg ▶	4.8	5.0	5.2	5.4	5.6	5.8	6.0	6.2	6.4	6.6	6.8
Lymington (& Yarmouth approx)	2.4	2.5	2.5	2.6	2.6	2.7	2.8	2.8	2.9	3.0	3.0	3.1
Portsmouth (Chichester entrance & Cowes approx)	3.5	3.6	3.8	3.9	4.0	4.2	4.3	4.5	4.6	4.7	4.8	4.9
Cherbourg (& Omonville approx)	3.9	3.9	3.9	3.9	4.0	4.0	4.0	4.1	4.1	4.1	4.1	4.1
Braye, Alderney	3.2	3.1	3.1	3.0	2.9	2.8	2.8	2.7	2.6	2.5	2.5	2.4
Weymouth	0.8	0.7	0.7	0.6	0.6	0.5	0.5	0.4	0.4	0.4	0.4	0.4
Poole entrance	1.5	1.5	1.5	1.5	1.5	1.5	1.5	1.5	1.5	1.5	1.4	1.4
Poole Town Quay	1.7	1.7	1.7	1.7	1.7	1.7	1.7	1.7	1.7	1.7	1.7	1.7
St Peter Port & Sark	4.4	4.2	4.0	3.8	3.6	3.3	3.1	2.9	2.7	2.5	2.3	2.1
St Helier	5.2	5.0	4.8	4.6	4.4	4.3	4.1	3.9	3.7	3.5	3.4	3.2
St Malo	5.3	5.1	4.9	4.7	4.5	4.4	4.2	4.0	3.8	3.6	3.4	3.2
Lezardrieux	3.9	3.6	3.4	3.1	2.8	2.6	2.3	2.1	1.8	1.5	1.3	1.0
Paimpol	4.1	3.8	3.6	3.3	3.0	2.7	2.5	2.2	1.9	1.6	1.4	1.1
Le Havre	6.0	6.3	6.4	6.6	6.8	7.1	7.3	7.5	7.7	7.8	8.0	8.1

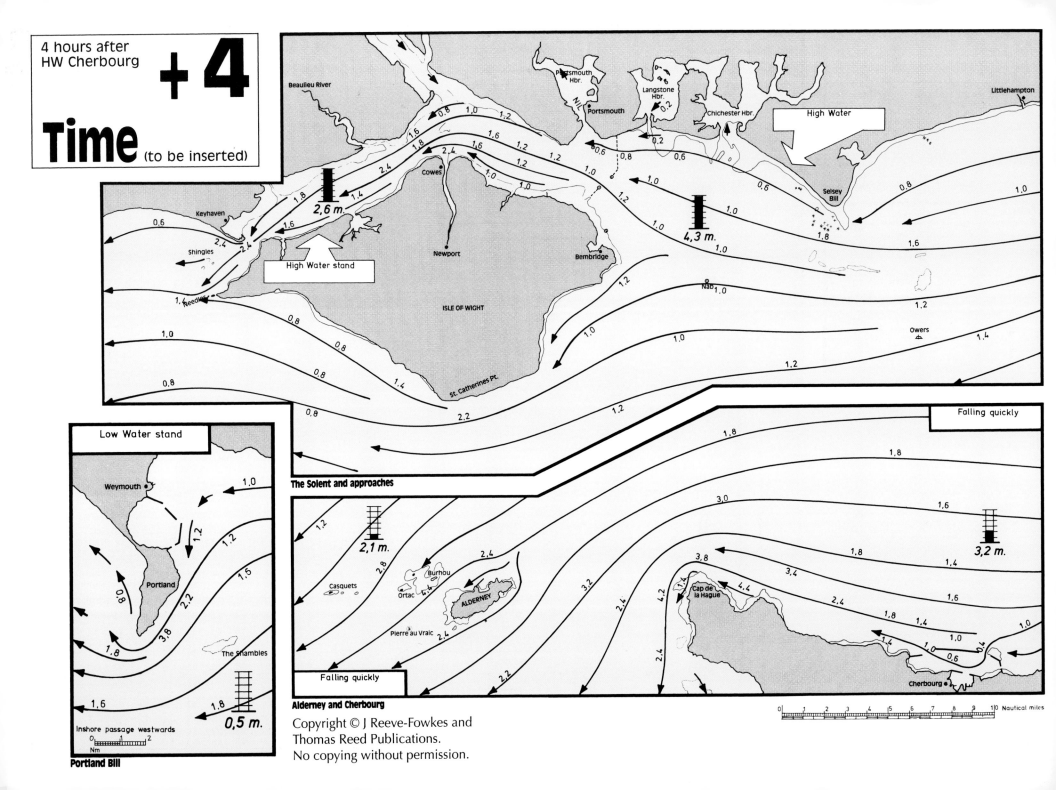

4 hours after HW Cherbourg

+4

Time (to be inserted)

High Water

High Water stand

The Solent and approaches

2,6 m.

4,3 m.

Beaulieu River

Keyhaven

Shingles

Needles

Cowes

Newport

ISLE OF WIGHT

Bembridge

St. Catherines Pt.

Nab

Owers

Portsmouth Hbr.

Portsmouth

Langstone Hbr.

Chichester Hbr.

Selsey Bill

Littlehampton

NIL

Low Water stand

Weymouth

Portland

The Shambles

Portland Bill

Inshore passage westwards

0,5 m.

Alderney and Cherbourg

Falling quickly

Falling quickly

2,1 m.

3,2 m.

Casquets

Burhou

Ortac

ALDERNEY

Pierre au Vraic

Cap de la Hague

Cherbourg

Nautical miles

Copyright © J Reeve-Fowkes and
Thomas Reed Publications.
No copying without permission.

+4

Poole

0,6
0,8
0,8
1,0
0,6
1,4

1,6 m.

High Water stand

Poole · Swanage · Anvil Pt.

Russel Channels

Falling to L.W.

1,6 · 1,6 · 1,0 · 2,6 m · 1,2
2,0 · 2,4 · 3,4 · 3,4 · 2,8
Herm · St. Peter Port · GUERNSEY · Les Hanois · Sark
1,4 · 1,4

St. Helier approaches

1,8 · Grosnez Pt. · JERSEY
1,6 · Falling to L.W.
1,6 · Pt. Corbière · St. Helier · NIL
3,2 m. · 1,2 · 1,2

St. Malo approaches

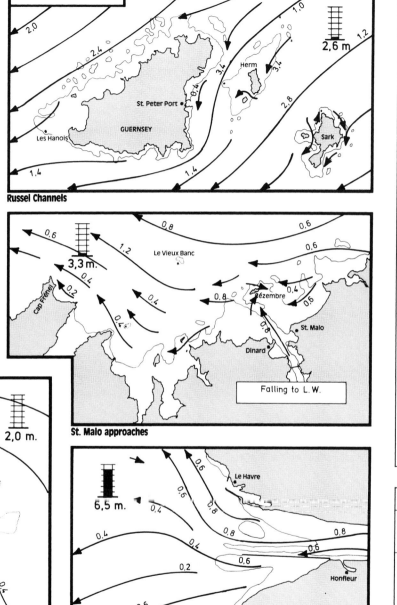

0,8 · 0,6 · 0,6
0,6 · Le Vieux Banc · 0,6
1,2 · Cap Fréhel · 0,4
3,3 m. · 0,4 · 0,2 · 0,8 · Cézembre · 0,4 · 0,6
0,4 · St. Malo
0,8 · Dinard
Falling to L.W.

Ile de Brehat

2,0 · 2,0 · 2,0 m.
0,8 · Les Héaux · 0,6
NIL · 1,4 · 1,4
Ile de Bréhat · 0,6 · NIL
0,6 · 0,6
Lézardrieux · Paimpol · 0,4 · 0,4
Low Water · 0,8 · 1,2

Le Havre

6,5 m.
Le Havre
0,6 · 0,6 · 0,8
0,4 · 0,8 · 0,8
0,6 · 0,6
0,4 · 0,6 · Honfleur
0,2 · 0,6
0,6 · Trouville
Falling from H.W.

Nautical Miles 0 1 2 3 4 5 6 7 8 9 10

Stream Rate Conversion Table

Mean Rate Figure from Chart ▼	Pencil-in height of HW Cherbourg — Read from column below pencil mark										
	4.8	5.0	5.2	5.4	5.6	5.8	6.0	6.2	6.4	6.6	6.8
0.2	0.1	0.1	0.1	0.1	0.2	0.2	0.2	0.2	0.3	0.3	0.3
0.4	0.2	0.2	0.2	0.3	0.3	0.4	0.4	0.5	0.5	0.6	0.7
0.6	0.2	0.3	0.4	0.4	0.5	0.6	0.7	0.7	0.8	0.9	1.0
0.8	0.4	0.4	0.5	0.6	0.7	0.8	0.9	1.1	1.1	1.2	1.3
1.0	0.4	0.5	0.6	0.7	0.9	1.0	1.1	1.2	1.3	1.5	1.7
1.2	0.5	0.6	0.7	0.9	1.0	1.2	1.3	1.4	1.6	1.7	1.9
1.4	0.6	0.7	0.9	1.0	1.2	1.4	1.5	1.7	1.8	2.0	2.2
1.6	0.6	0.8	1.0	1.2	1.4	1.6	1.7	1.9	2.1	2.3	2.5
1.8	0.7	0.9	1.1	1.3	1.5	1.7	2.0	2.2	2.4	2.6	2.8
2.0	0.8	1.0	1.2	1.5	1.7	1.9	2.2	2.4	2.6	2.9	3.1
2.2	0.9	1.1	1.4	1.6	1.9	2.1	2.3	2.6	2.9	3.2	3.4
2.4	0.9	1.2	1.5	1.8	2.1	2.3	2.6	2.9	3.2	3.4	3.7
2.6	1.0	1.3	1.6	1.9	2.2	2.5	2.8	3.1	3.4	3.7	4.0
2.8	1.1	1.4	1.7	2.1	2.4	2.7	3.0	3.4	3.7	4.0	4.3
3.0	1.2	1.5	1.9	2.2	2.6	2.9	3.2	3.6	4.0	4.3	4.6
3.2	1.3	1.6	2.0	2.4	2.7	3.1	3.4	3.8	4.2	4.6	4.9
3.4	1.3	1.7	2.1	2.5	2.9	3.3	3.7	4.1	4.5	4.9	5.3
3.6	1.4	1.8	2.2	2.7	3.1	3.5	3.9	4.3	4.7	5.2	5.6
3.8	1.5	1.9	2.4	2.8	3.3	3.7	4.1	4.6	5.0	5.4	5.9
4.0	1.6	2.0	2.5	3.0	3.4	3.9	4.3	4.8	5.3	5.7	6.2
4.2	1.7	2.1	2.6	3.1	3.6	4.1	4.6	5.0	5.5	6.0	6.5
4.4	1.7	2.2	2.7	3.3	3.8	4.3	4.8	5.3	5.8	6.3	6.8
4.6	1.8	2.3	2.9	3.4	3.9	4.5	5.0	5.5	6.1	6.6	7.1
4.8	1.9	2.4	3.0	3.6	4.1	4.7	5.2	5.8	6.3	6.9	7.4
5.0	2.0	2.5	3.1	3.7	4.3	4.9	5.4	6.0	6.6	7.2	7.7
5.2	2.0	2.6	3.2	3.8	4.4	5.0	5.6	6.2	6.8	7.4	8.0
5.4	2.1	2.8	3.4	4.0	4.6	5.2	5.7	6.5	7.1	7.7	8.4
5.6	2.2	2.9	3.5	4.1	4.8	5.4	6.1	6.7	7.4	8.0	8.7
5.8	2.3	3.0	3.6	4.3	5.0	5.6	6.3	7.0	7.6	8.3	9.0
6.0	2.4	3.1	3.7	4.4	5.1	5.8	6.5	7.2	7.9	8.6	9.3

TIDAL HEIGHTS — PORTS & PLACES

Pencil-in height of HW Cherbourg ►	4.8	5.0	5.2	5.4	5.6	5.8	6.0	6.2	6.4	6.6	6.8
Lymington (& Yarmouth approx)	2.4	2.5	2.5	2.6	2.6	2.7	2.8	2.8	2.9	3.0	3.1
Portsmouth (Chichester entrance & Cowes approx)	3.6	3.7	3.9	4.0	4.1	4.2	4.4	4.5	4.6	4.7	4.9
Cherbourg (& Omonville approx)	3.6	3.5	3.5	3.4	3.3	3.2	3.2	3.1	3.0	2.9	2.7
Braye, Alderney	3.0	2.8	2.6	2.4	2.3	2.1	1.9	1.8	1.6	1.4	1.1
Weymouth	0.9	0.8	0.8	0.7	0.6	0.5	0.4	0.3	0.2	0.2	0.1
Poole entrance	1.6	1.6	1.6	1.6	1.5	1.5	1.5	1.5	1.5	1.5	1.4
Poole Town Quay	1.8	1.8	1.8	1.8	1.8	1.8	1.7	1.7	1.6	1.6	1.6
St Peter Port & Sark	4.2	3.9	3.5	3.2	2.9	2.5	2.2	1.8	1.5	1.2	0.6
St Helier	4.8	4.5	4.1	3.8	3.5	3.2	2.8	2.5	2.2	1.9	1.3
St Malo	4.9	4.6	4.2	3.9	3.6	3.2	2.9	2.5	2.2	1.9	1.3
Lezardrieux	3.8	3.4	3.0	2.6	2.3	1.9	1.5	1.2	0.8	0.5	-0.1
Paimpol	3.8	3.4	3.0	2.6	2.2	1.9	1.5	1.1	0.7	0.4	-0.2
Le Havre	5.8	5.9	6.1	6.2	6.4	6.5	6.7	6.8	7.0	7.1	7.2

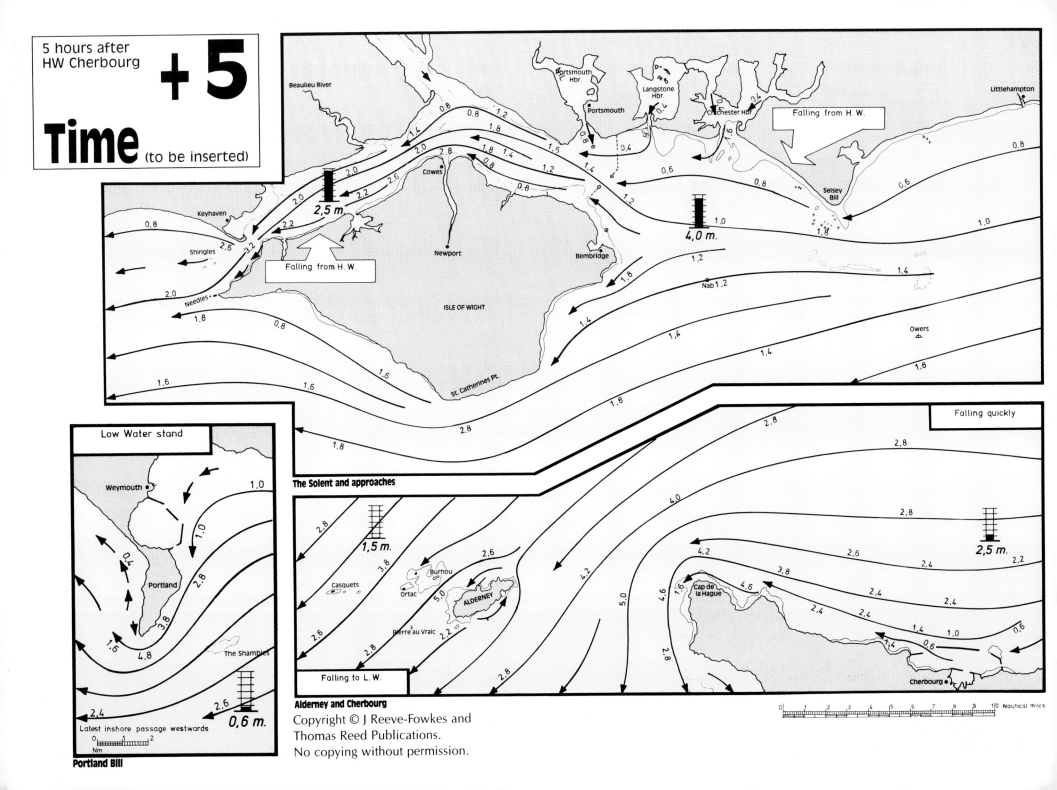

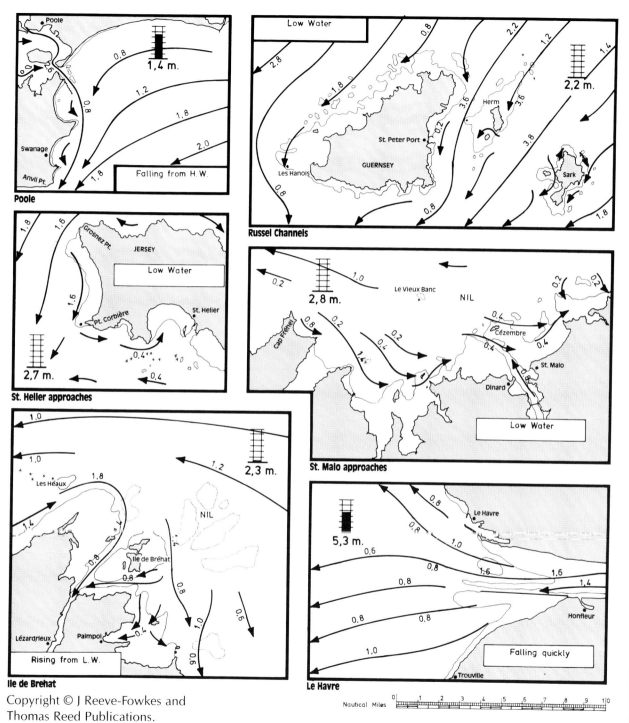

Poole — Falling from H.W. — 1,4 m.

Russel Channels — Low Water — 2,2 m.

St. Helier approaches — Low Water — 2,7 m.

St. Malo approaches — Low Water — 2,8 m. — NIL

Ile de Brehat — Rising from L.W. — 2,3 m. — NIL

Le Havre — Falling quickly — 5,3 m.

Nautical Miles 0 1 2 3 4 5 6 7 8 9 10

+5

Stream Rate Conversion Table

Mean Rate Figure from Chart	Pencil-in height of HW Cherbourg. Read from column below pencil mark										
	4.8	5.0	5.2	5.4	5.6	5.8	6.0	6.2	6.4	6.6	6.8
0.2	0.1	0.1	0.1	0.1	0.2	0.2	0.2	0.2	0.3	0.3	0.3
0.4	0.2	0.2	0.2	0.3	0.3	0.4	0.4	0.5	0.5	0.6	0.6	0.7
0.6	0.2	0.3	0.4	0.4	0.5	0.6	0.7	0.7	0.8	0.9	0.9	1.0
0.8	0.4	0.4	0.5	0.6	0.7	0.8	0.9	1.0	1.1	1.1	1.2	1.3
1.0	0.4	0.5	0.6	0.7	0.9	1.0	1.1	1.2	1.3	1.4	1.5	1.7
1.2	0.5	0.6	0.7	0.9	1.0	1.2	1.3	1.4	1.6	1.7	1.9	2.0
1.4	0.6	0.7	0.9	1.0	1.2	1.4	1.5	1.7	1.8	2.0	2.2	2.3
1.6	0.6	0.8	1.0	1.2	1.4	1.6	1.7	1.9	2.1	2.3	2.5	2.7
1.8	0.7	0.9	1.1	1.3	1.5	1.7	2.0	2.2	2.4	2.6	2.8	3.0
2.0	0.8	1.0	1.2	1.5	1.7	1.9	2.2	2.4	2.6	2.9	3.1	3.3
2.2	0.9	1.1	1.4	1.6	1.9	2.1	2.3	2.6	2.9	3.2	3.4	3.7
2.4	0.9	1.2	1.5	1.8	2.1	2.3	2.6	2.9	3.2	3.4	3.7	4.0
2.6	1.0	1.3	1.6	1.9	2.2	2.5	2.8	3.1	3.4	3.7	4.0	4.3
2.8	1.1	1.4	1.7	2.1	2.4	2.7	3.0	3.4	3.7	4.0	4.3	4.7
3.0	1.2	1.5	1.9	2.2	2.6	2.9	3.2	3.6	4.0	4.3	4.6	5.0
3.2	1.3	1.6	2.0	2.4	2.7	3.1	3.4	3.8	4.2	4.6	4.9	5.3
3.4	1.3	1.7	2.1	2.5	2.9	3.3	3.7	4.1	4.5	4.9	5.3	5.7
3.6	1.4	1.8	2.2	2.7	3.1	3.5	3.9	4.3	4.7	5.2	5.6	6.0
3.8	1.5	1.9	2.4	2.8	3.3	3.7	4.1	4.6	5.0	5.4	5.9	6.3
4.0	1.6	2.0	2.5	3.0	3.4	3.9	4.3	4.8	5.3	5.7	6.2	6.7
4.2	1.7	2.1	2.6	3.1	3.6	4.1	4.6	5.0	5.5	6.0	6.5	7.0
4.4	1.7	2.2	2.7	3.3	3.8	4.3	4.8	5.3	5.8	6.3	6.8	7.3
4.6	1.8	2.3	2.9	3.4	3.9	4.5	5.0	5.5	6.1	6.6	7.1	7.7
4.8	1.9	2.4	3.0	3.6	4.1	4.7	5.2	5.8	6.3	6.9	7.4	8.0
5.0	2.0	2.5	3.1	3.7	4.3	4.9	5.4	6.0	6.6	7.2	7.7	8.3
5.2	2.0	2.6	3.2	3.8	4.4	5.0	5.6	6.2	6.8	7.4	8.0	8.6
5.4	2.1	2.8	3.4	4.0	4.6	5.2	5.7	6.5	7.1	7.7	8.4	9.0
5.6	2.2	2.9	3.5	4.1	4.8	5.4	6.1	6.7	7.4	8.0	8.7	9.3
5.8	2.3	3.0	3.6	4.3	5.0	5.6	6.3	7.0	7.6	8.3	9.0	9.6
6.0	2.4	3.1	3.7	4.4	5.1	5.8	6.5	7.2	7.9	8.6	9.3	9.9

TIDAL HEIGHTS — PORTS & PLACES

Pencil-in height of HW Cherbourg ▶	4.8	5.0	5.2	5.4	5.6	5.8	6.0	6.2	6.4	6.6	6.8
Lymington (& Yarmouth approx)	2.3	2.4	2.4	2.5	2.5	2.6	2.7	2.7	2.8	2.9	2.9	3.0
Portsmouth (Chichester entrance & Cowes approx)	3.4	3.5	3.7	3.8	3.9	4.0	4.2	4.3	4.4	4.5	4.5	4.6
Cherbourg (& Omonville approx)	3.2	3.1	2.9	2.8	2.6	2.5	2.3	2.2	2.0	1.8	1.7	1.5
Braye, Alderney	2.6	2.4	2.2	2.0	1.7	1.5	1.3	1.0	0.8	0.6	0.5	0.3
Weymouth	1.0	0.9	0.9	0.8	0.7	0.6	0.6	0.5	0.4	0.4	0.3	0.3
Poole entrance	1.5	1.5	1.5	1.5	1.5	1.5	1.5	1.5	1.5	1.5	1.4	1.4
Poole Town Quay	1.8	1.8	1.8	1.8	1.8	1.8	1.8	1.7	1.7	1.7	1.7	1.7
St Peter Port & Sark	4.1	3.7	3.3	2.9	2.5	2.2	1.8	1.4	1.0	0.7	0.3	0.0
St Helier	4.7	4.3	3.9	3.5	3.0	2.6	2.2	1.7	1.3	1.0	0.6	0.3
St Malo	5.0	4.5	4.1	3.6	3.2	2.7	2.3	1.8	1.4	1.0	0.7	0.4
Lezardrieux	3.9	3.6	3.2	2.9	2.6	2.3	1.9	1.6	1.3	1.0	0.7	0.4
Paimpol	3.9	3.5	3.1	2.7	2.3	1.8	1.4	1.0	0.6	0.3	0.0	- 0.4
Le Havre	5.2	5.0	5.2	5.2	5.3	5.3	5.3	5.4	5.4	5.4	5.4	5.4

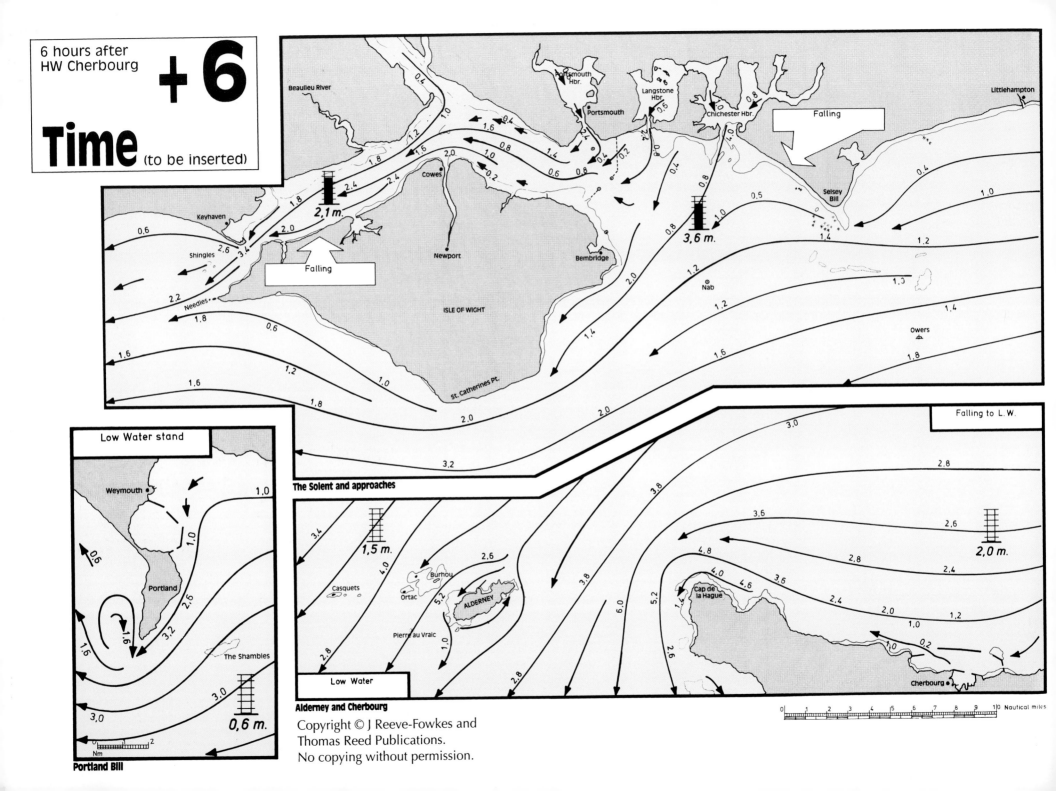

Beaulieu River

Portsmouth Hbr.

Portsmouth

Langstone Hbr.

Chichester Hbr.

Littlehampton

Falling

Cowes

2,1 m.

Keyhaven

Shingles

Newport

Bembridge

Selsey Bill

3,6 m.

Falling

Needles

Nab

ISLE OF WIGHT

Owers

St. Catherines Pt.

Falling to L.W.

The Solent and approaches

Low Water stand

Weymouth

Portland

The Shambles

0,6 m.

Portland Bill

1,5 m.

Casquets

Burhou

Ortac

Pierre au Vraic

ALDERNEY

Cap de
la Hague

2,0 m.

Low Water

Alderney and Cherbourg

Cherbourg

0 1 2 3 4 5 6 7 8 9 10 Nautical miles

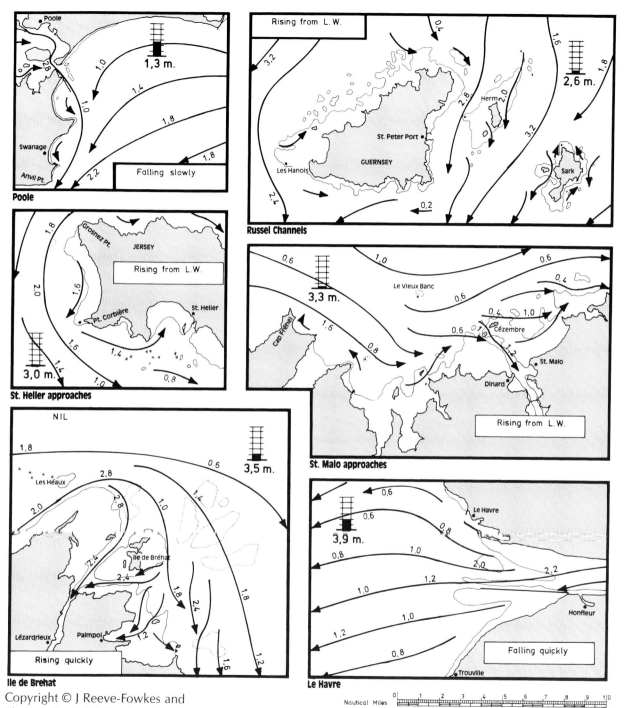

+6

Stream Rate Conversion Table

Mean Rate Figure from Chart ▼	Pencil-in height of HW Cherbourg — Read from column below pencil mark										
	4.8	5.0	5.2	5.4	5.6	5.8	6.0	6.2	6.4	6.6	6.8
0.2	0.1	0.1	0.1	0.1	0.2	0.2	0.2	0.2	0.3	0.3	0.3	0.3
0.4	0.2	0.2	0.2	0.3	0.3	0.4	0.4	0.5	0.5	0.6	0.6	0.7
0.6	0.2	0.3	0.4	0.4	0.5	0.6	0.7	0.7	0.8	0.9	0.9	1.0
0.8	0.4	0.4	0.5	0.6	0.7	0.8	0.9	1.0	1.1	1.1	1.2	1.3
1.0	0.4	0.5	0.6	0.7	0.9	1.0	1.1	1.2	1.3	1.4	1.5	1.7
1.2	0.5	0.6	0.7	0.9	1.0	1.2	1.3	1.4	1.6	1.7	1.9	2.0
1.4	0.6	0.7	0.9	1.0	1.2	1.4	1.5	1.7	1.8	2.0	2.2	2.3
1.6	0.6	0.8	1.0	1.2	1.4	1.6	1.7	1.9	2.1	2.3	2.5	2.7
1.8	0.7	0.9	1.1	1.3	1.5	1.7	2.0	2.2	2.4	2.6	2.8	3.0
2.0	0.8	1.0	1.2	1.5	1.7	1.9	2.2	2.4	2.6	2.9	3.1	3.3
2.2	0.9	1.1	1.4	1.6	1.9	2.1	2.3	2.6	2.9	3.2	3.4	3.7
2.4	0.9	1.2	1.5	1.8	2.1	2.3	2.6	2.9	3.2	3.4	3.7	4.0
2.6	1.0	1.3	1.6	1.9	2.2	2.5	2.8	3.1	3.4	3.7	4.0	4.3
2.8	1.1	1.4	1.7	2.1	2.4	2.7	3.0	3.4	3.7	4.0	4.3	4.7
3.0	1.2	1.5	1.9	2.2	2.6	2.9	3.2	3.6	4.0	4.3	4.6	5.0
3.2	1.3	1.6	2.0	2.4	2.7	3.1	3.4	3.8	4.2	4.6	4.9	5.3
3.4	1.3	1.7	2.1	2.5	2.9	3.3	3.7	4.1	4.5	4.9	5.3	5.7
3.6	1.4	1.8	2.2	2.7	3.1	3.5	3.9	4.3	4.7	5.2	5.6	6.0
3.8	1.5	1.9	2.4	2.8	3.3	3.7	4.1	4.6	5.0	5.4	5.9	6.3
4.0	1.6	2.0	2.5	3.0	3.4	3.9	4.3	4.8	5.3	5.7	6.2	6.7
4.2	1.7	2.1	2.6	3.1	3.6	4.1	4.6	5.0	5.5	6.0	6.5	7.0
4.4	1.7	2.2	2.7	3.3	3.8	4.3	4.8	5.3	5.8	6.3	6.8	7.3
4.6	1.8	2.3	2.9	3.4	3.9	4.5	5.0	5.6	6.1	6.6	7.1	7.7
4.8	1.9	2.4	3.0	3.6	4.1	4.7	5.2	5.8	6.3	6.9	7.4	8.0
5.0	2.0	2.5	3.1	3.7	4.3	4.9	5.4	6.0	6.6	7.2	7.7	8.3
5.2	2.0	2.6	3.2	3.8	4.4	5.0	5.6	6.2	6.8	7.4	8.0	8.6
5.4	2.1	2.8	3.4	4.0	4.6	5.2	5.7	6.5	7.1	7.7	8.4	9.0
5.6	2.2	2.9	3.5	4.1	4.8	5.4	6.1	6.7	7.4	8.0	8.7	9.3
5.8	2.3	3.0	3.6	4.3	5.0	5.6	6.3	7.0	7.6	8.3	9.0	9.6
6.0	2.4	3.1	3.7	4.4	5.1	5.8	6.5	7.2	7.9	8.6	9.3	9.9

TIDAL HEIGHTS — PORTS & PLACES

Pencil-in height of HW Cherbourg ▶	4.8	5.0	5.2	5.4	5.6	5.8	6.0	6.2	6.4	6.6	6.8
Lymington (& Yarmouth approx)	2.2	2.2	2.2	2.2	2.3	2.3	2.3	2.4	2.4	2.4	2.5	2.5
Portsmouth (Chichester entrance & Cowes approx)	3.2	3.3	3.3	3.4	3.5	3.6	3.7	3.8	3.9	4.0	4.0	4.1
Cherbourg (& Omonville approx)	3.0	2.8	2.6	2.4	2.2	1.9	1.7	1.5	1.3	1.1	0.8	0.6
Braye, Alderney	2.6	2.4	2.2	2.0	1.7	1.5	1.3	1.0	0.8	0.6	0.4	0.2
Weymouth	1.0	0.9	0.9	0.8	0.7	0.6	0.5	0.4	0.3	0.3	0.3	0.3
Poole entrance	1.4	1.4	1.4	1.4	1.3	1.3	1.2	1.2	1.1	1.0	1.0	0.9
Poole Town Quay	1.6	1.6	1.6	1.6	1.6	1.6	1.6	1.5	1.5	1.5	1.5	1.5
St Peter Port & Sark	4.2	3.9	3.5	3.2	2.9	2.5	2.2	1.8	1.5	1.2	1.0	0.7
St Helier	4.8	4.4	4.0	3.6	3.3	2.9	2.5	2.2	1.8	1.5	1.0	0.8
St Malo	5.6	5.1	4.7	4.2	3.7	3.2	2.7	2.2	1.7	1.4	1.1	0.8
Lezardrieux	4.5	4.3	4.1	3.9	3.6	3.4	3.2	2.9	2.7	2.5	2.3	2.1
Paimpol	4.5	4.2	3.8	3.5	3.2	2.9	2.5	2.2	1.9	1.6	1.4	1.1
Le Havre	4.2	4.1	4.1	4.0	3.9	3.9	3.8	3.8	3.7	3.6	3.5	3.4

Section 2

The Scilly Isles
Ile d'Ouessant and Chenal du Four

ILE D'OUESSANT AND CHENAL DU FOUR

The channels between Ile d'Ouessant and the mainland are beset with dangers and with strong and sometimes violent streams, particularly when wind is opposed to tide. The Passage du Fromveur on the south-eastern side of Ile d'Ouessant has very fast streams, attaining 8 or 9 knots at maximum springs, and the seas can be very turbulent. The Chenal du Four, close to the mainland, is the usual passage for yachtsmen. All the other channels between the Passage du Fromveur and Chenal du Four should only be attempted with local knowledge and in good weather. Winds from a northerly quarter substantially increase the velocity of the south-going ebb streams through all these channels.

6 hours before
HW Cherbourg **-6**

Time (to be inserted)

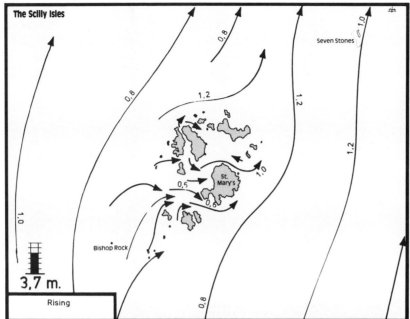

The Scilly Isles

3,7 m.

Rising

0 — 5
Nautical Miles

Ile d'Ouessant and Chenal du Four

Ouessant

Portsall

Porspoder

Pte. de Corsen

Rising very quickly

Pt. St. Mathieu

5,6 m.

Stream Rate Conversion Table

Mean Rate Figure from Chart ▼	Pencil-in height of HW Cherbourg Read from column below pencil mark										
	4.8	5.0	5.2	5.4	5.6	5.8	6.0	6.2	6.4	6.6	6.8
0.2	0.1	0.1	0.1	0.1	0.2	0.2	0.2	0.2	0.3	0.3	0.3	0.3
0.4	0.2	0.2	0.2	0.3	0.3	0.4	0.4	0.5	0.5	0.6	0.6	0.7
0.6	0.2	0.3	0.4	0.4	0.5	0.6	0.7	0.7	0.8	0.9	0.9	1.0
0.8	0.4	0.4	0.5	0.6	0.7	0.8	0.9	1.0	1.1	1.1	1.2	1.3
1.0	0.4	0.5	0.6	0.7	0.9	1.0	1.1	1.2	1.3	1.4	1.5	1.7
1.2	0.5	0.6	0.7	0.9	1.0	1.2	1.3	1.4	1.6	1.7	1.9	2.0
1.4	0.6	0.7	0.9	1.0	1.2	1.4	1.5	1.7	1.8	2.0	2.2	2.3
1.6	0.6	0.8	1.0	1.2	1.4	1.6	1.7	1.9	2.1	2.3	2.5	2.7
1.8	0.7	0.9	1.1	1.3	1.5	1.7	2.0	2.2	2.4	2.6	2.8	3.0
2.0	0.8	1.0	1.2	1.5	1.7	1.9	2.2	2.4	2.6	2.9	3.1	3.3
2.2	0.9	1.1	1.4	1.6	1.9	2.1	2.3	2.6	2.9	3.2	3.4	3.7
2.4	0.9	1.2	1.5	1.8	2.1	2.3	2.6	2.9	3.2	3.4	3.7	4.0
2.6	1.0	1.3	1.6	1.9	2.2	2.5	2.8	3.1	3.4	3.7	4.0	4.3
2.8	1.1	1.4	1.7	2.1	2.4	2.7	3.0	3.4	3.7	4.0	4.3	4.7
3.0	1.2	1.5	1.9	2.2	2.6	2.9	3.2	3.6	4.0	4.3	4.6	5.0
3.2	1.3	1.6	2.0	2.4	2.7	3.1	3.4	3.8	4.2	4.6	4.9	5.3
3.4	1.3	1.7	2.1	2.5	2.9	3.3	3.7	4.1	4.5	4.9	5.3	5.7
3.6	1.4	1.8	2.2	2.7	3.1	3.5	3.9	4.3	4.7	5.2	5.6	6.0
3.8	1.5	1.9	2.4	2.8	3.3	3.7	4.1	4.6	5.0	5.5	5.9	6.3
4.0	1.6	2.0	2.5	3.0	3.4	3.9	4.3	4.8	5.3	5.7	6.2	6.7
4.2	1.7	2.1	2.6	3.1	3.6	4.1	4.6	5.0	5.5	6.0	6.5	7.0
4.4	1.7	2.2	2.7	3.3	3.8	4.3	4.8	5.3	5.8	6.3	6.8	7.3
4.6	1.8	2.3	2.9	3.4	3.9	4.5	5.0	5.5	6.1	6.6	7.1	7.7
4.8	1.9	2.4	3.0	3.6	4.1	4.7	5.2	5.8	6.3	6.9	7.4	8.0
5.0	2.0	2.5	3.1	3.7	4.3	4.9	5.4	6.0	6.6	7.2	7.7	8.3
5.2	2.0	2.6	3.2	3.8	4.4	5.0	5.6	6.2	6.8	7.4	8.0	8.6
5.4	2.1	2.8	3.4	4.0	4.6	5.2	5.7	6.5	7.1	7.7	8.4	9.0
5.6	2.2	2.9	3.5	4.1	4.8	5.4	6.1	6.7	7.4	8.0	8.7	9.3
5.8	2.3	3.0	3.6	4.3	5.0	5.6	6.3	7.0	7.6	8.3	9.0	9.6
6.0	2.4	3.1	3.7	4.4	5.1	5.8	6.5	7.2	7.9	8.6	9.3	9.9

TIDAL HEIGHTS — PORTS & PLACES

Pencil-in height of HW Cherbourg ▶	4.8	5.0	5.2	5.4	5.6	5.8	6.0	6.2	6.4	6.6	6.8
St. Marys	3.5	3.6	3.6	3.7	3.8	3.9	3.9	4.0	4.1	4.2	4.4	4.4
Ports, Chenal du Four and Ile d'Ouessant	4.8	4.9	5.1	5.2	5.3	5.5	5.6	5.8	5.9	6.0	6.0	6.1

Time (to be inserted)

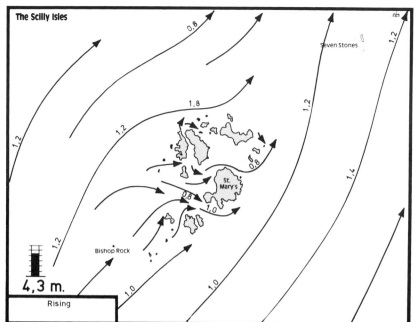

The Scilly Isles

4,3 m. Rising

0   Nautical Miles   5

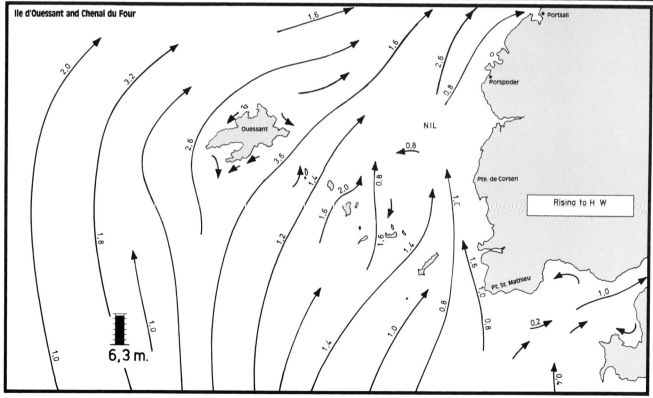

Ile d'Ouessant and Chenal du Four

6,3 m.

NIL

Rising to H W

Portsall · Porspoder · Pte. de Corsen · Pt. St. Mathieu

Ouessant

Stream Rate Conversion Table

Mean Rate Figure from Chart ▼	Pencil-in height of HW Cherbourg Read from column below pencil mark										
	4.8	5.0	5.2	5.4	5.6	5.8	6.0	6.2	6.4	6.6	6.8
0.2	0.1	0.1	0.1	0.1	0.2	0.2	0.2	0.2	0.3	0.3	0.3	0.3
0.4	0.2	0.2	0.2	0.3	0.3	0.4	0.4	0.5	0.5	0.6	0.6	0.7
0.6	0.2	0.3	0.4	0.4	0.5	0.6	0.7	0.7	0.8	0.9	0.9	1.0
0.8	0.4	0.4	0.5	0.6	0.7	0.8	0.9	1.0	1.1	1.1	1.2	1.3
1.0	0.4	0.5	0.6	0.7	0.9	1.0	1.1	1.2	1.3	1.4	1.5	1.7
1.2	0.5	0.6	0.7	0.9	1.0	1.2	1.3	1.4	1.6	1.7	1.9	2.0
1.4	0.6	0.7	0.9	1.0	1.2	1.4	1.5	1.7	1.8	2.0	2.2	2.3
1.6	0.6	0.8	1.0	1.2	1.4	1.6	1.7	1.9	2.1	2.3	2.5	2.7
1.8	0.7	0.9	1.1	1.3	1.5	1.7	2.0	2.2	2.4	2.6	2.8	3.0
2.0	0.8	1.0	1.2	1.5	1.7	1.9	2.2	2.4	2.6	2.9	3.1	3.3
2.2	0.9	1.1	1.4	1.6	1.9	2.1	2.3	2.6	2.9	3.2	3.4	3.7
2.4	0.9	1.2	1.5	1.8	2.1	2.3	2.6	2.9	3.2	3.4	3.7	4.0
2.6	1.0	1.3	1.6	1.9	2.2	2.5	2.8	3.1	3.4	3.7	4.0	4.3
2.8	1.1	1.4	1.7	2.1	2.4	2.7	3.0	3.4	3.7	4.0	4.3	4.7
3.0	1.2	1.5	1.9	2.2	2.6	2.9	3.2	3.6	4.0	4.3	4.6	5.0
3.2	1.3	1.6	2.0	2.4	2.7	3.1	3.4	3.8	4.2	4.6	4.9	5.3
3.4	1.3	1.7	2.1	2.5	2.9	3.3	3.7	4.1	4.5	4.9	5.3	5.7
3.6	1.4	1.8	2.2	2.7	3.1	3.5	3.9	4.3	4.7	5.2	5.6	6.0
3.8	1.5	1.9	2.4	2.8	3.3	3.7	4.1	4.6	5.0	5.5	5.9	6.3
4.0	1.6	2.0	2.5	3.0	3.4	3.9	4.3	4.8	5.3	5.7	6.2	6.7
4.2	1.7	2.1	2.6	3.1	3.6	4.1	4.6	5.0	5.5	6.0	6.5	7.0
4.4	1.7	2.2	2.7	3.3	3.8	4.3	4.8	5.3	5.8	6.3	6.8	7.3
4.6	1.8	2.3	2.9	3.4	3.9	4.5	5.0	5.5	6.1	6.6	7.1	7.7
4.8	1.9	2.4	3.0	3.6	4.1	4.7	5.2	5.8	6.3	6.9	7.4	8.0
5.0	2.0	2.5	3.1	3.7	4.3	4.9	5.4	6.0	6.6	7.2	7.7	8.3
5.2	2.0	2.6	3.2	3.8	4.4	5.0	5.6	6.2	6.8	7.4	8.0	8.6
5.4	2.1	2.8	3.4	4.0	4.6	5.2	5.7	6.5	7.1	7.7	8.4	9.0
5.6	2.2	2.9	3.5	4.1	4.8	5.4	6.1	6.7	7.4	8.0	8.7	9.3
5.8	2.3	3.0	3.6	4.3	5.0	5.6	6.3	7.0	7.6	8.3	9.0	9.6
6.0	2.4	3.1	3.7	4.4	5.1	5.8	6.5	7.2	7.9	8.6	9.3	9.9

TIDAL HEIGHTS — PORTS & PLACES

Pencil-in height of HW Cherbourg ▶	4.8	5.0	5.2	5.4	5.6	5.8	6.0	6.2	6.4	6.6	6.8
St. Marys	3.6	3.8	4.0	4.2	4.3	4.5	4.7	4.8	5.0	5.1	5.3	5.4
Ports, Chenal du Four and Ile d'Ouessant	5.2	5.4	5.6	5.8	6.1	6.3	6.5	6.8	7.0	7.1	7.3	7.4

4 hours before HW Cherbourg

-4

Time (to be inserted)

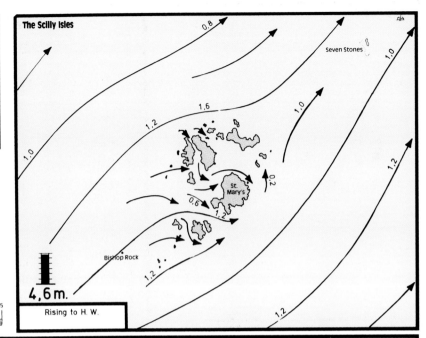

The Scilly Isles

0.8

Seven Stones

1.0

1.6

1.2

1.0

1.0

St. Mary's

0.2

0.6

1.2

1.2

1.2

Bishop Rock

1.2

4,6 m.

Rising to H. W.

0
5
Nautical Miles

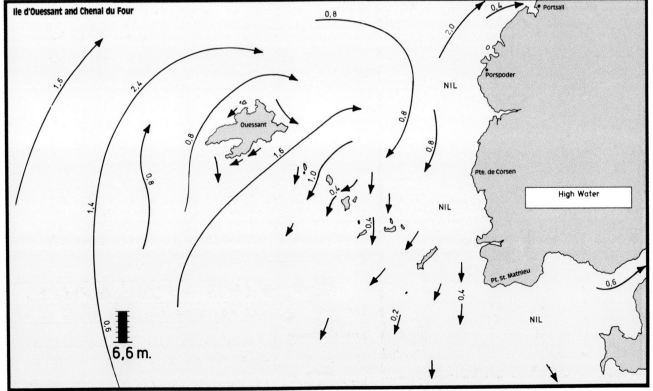

Ile d'Ouessant and Chenal du Four

0.8

0.4

Portsall

2.0

NIL

1.6

2.4

Porspoder

0.8

0.8

Ouessant

0.8

1.6

0.8

1.0

NIL

0.4

Pte. de Corsen

1.4

High Water

0.4

NIL

0.6

Pt. St. Mathieu

0.2

0.4

0.6

NIL

6,6 m.

Stream Rate Conversion Table

Mean Rate Figure from Chart ▼	Pencil-in height of HW Cherbourg Read from column below pencil mark											
	4.8	5.0	5.2	5.4	5.6	5.8	6.0	6.2	6.4	6.6	6.8
0.2	0.1	0.1	0.1	0.1	0.2	0.2	0.2	0.2	0.3	0.3	0.3	0.3
0.4	0.2	0.2	0.2	0.3	0.3	0.4	0.4	0.5	0.5	0.6	0.6	0.7
0.6	0.2	0.3	0.4	0.4	0.5	0.6	0.7	0.7	0.8	0.9	0.9	1.0
0.8	0.4	0.4	0.5	0.6	0.7	0.8	0.9	1.0	1.1	1.1	1.2	1.3
1.0	0.4	0.5	0.6	0.7	0.9	1.0	1.1	1.2	1.3	1.4	1.5	1.7
1.2	0.5	0.6	0.7	0.9	1.0	1.2	1.3	1.4	1.6	1.7	1.9	2.0
1.4	0.6	0.7	0.9	1.0	1.2	1.4	1.5	1.7	1.8	2.0	2.2	2.3
1.6	0.6	0.8	1.0	1.2	1.4	1.6	1.7	1.9	2.1	2.3	2.5	2.7
1.8	0.7	0.9	1.1	1.3	1.5	1.7	2.0	2.2	2.4	2.6	2.8	3.0
2.0	0.8	1.0	1.2	1.5	1.7	1.9	2.2	2.4	2.6	2.9	3.1	3.3
2.2	0.9	1.1	1.4	1.6	1.9	2.1	2.3	2.6	2.9	3.2	3.4	3.7
2.4	0.9	1.2	1.5	1.8	2.1	2.3	2.6	2.9	3.2	3.4	3.7	4.0
2.6	1.0	1.3	1.6	1.9	2.2	2.5	2.8	3.1	3.4	3.7	4.0	4.3
2.8	1.1	1.4	1.7	2.1	2.4	2.7	3.0	3.4	3.7	4.0	4.3	4.7
3.0	1.2	1.5	1.9	2.2	2.6	2.9	3.2	3.6	4.0	4.3	4.6	5.0
3.2	1.3	1.6	2.0	2.4	2.7	3.1	3.4	3.8	4.2	4.6	4.9	5.3
3.4	1.3	1.7	2.1	2.5	2.9	3.3	3.7	4.1	4.5	4.9	5.3	5.7
3.6	1.4	1.8	2.2	2.7	3.1	3.5	3.9	4.3	4.7	5.2	5.6	6.0
3.8	1.5	1.9	2.4	2.8	3.3	3.7	4.1	4.6	5.0	5.5	5.9	6.3
4.0	1.6	2.0	2.5	3.0	3.4	3.9	4.3	4.8	5.3	5.7	6.2	6.7
4.2	1.7	2.1	2.6	3.1	3.6	4.1	4.6	5.0	5.5	6.0	6.5	7.0
4.4	1.7	2.2	2.7	3.3	3.8	4.3	4.8	5.3	5.8	6.3	6.8	7.3
4.6	1.8	2.3	2.9	3.4	3.9	4.5	5.0	5.5	6.1	6.6	7.1	7.7
4.8	1.9	2.4	3.0	3.6	4.1	4.7	5.2	5.8	6.3	6.9	7.4	8.0
5.0	2.0	2.5	3.1	3.7	4.3	4.9	5.4	6.0	6.6	7.2	7.7	8.3
5.2	2.0	2.6	3.2	3.8	4.4	5.0	5.6	6.2	6.8	7.4	8.0	8.6
5.4	2.1	2.8	3.4	4.0	4.6	5.2	5.7	6.5	7.1	7.7	8.4	9.0
5.6	2.2	2.9	3.5	4.1	4.8	5.4	6.1	6.7	7.4	8.0	8.7	9.3
5.8	2.3	3.0	3.6	4.3	5.0	5.6	6.3	7.0	7.6	8.3	9.0	9.6
6.0	2.4	3.1	3.7	4.4	5.1	5.8	6.5	7.2	7.9	8.6	9.3	9.9

TIDAL HEIGHTS — PORTS & PLACES

Pencil-in height of HW Cherbourg ▶	4.8	5.0	5.2	5.4	5.6	5.8	6.0	6.2	6.4	6.6	6.8
St. Marys	3.9	4.1	4.3	4.5	4.7	4.9	5.1	5.3	5.5	5.7	5.9	6.1
Ports, Chenal du Four and Ile d'Ouessant	5.3	5.6	5.8	6.1	6.3	6.6	6.8	7.1	7.3	7.5	7.6	7.8

3 hours before
HW Cherbourg

-3

Time (to be inserted)

0 — 5
Nautical Miles

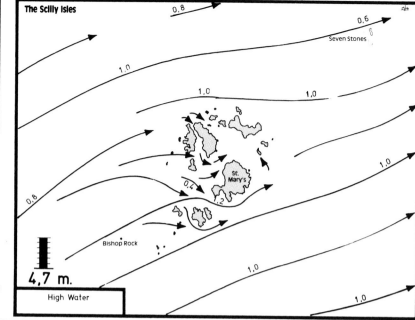

The Scilly Isles

4,7 m.

High Water

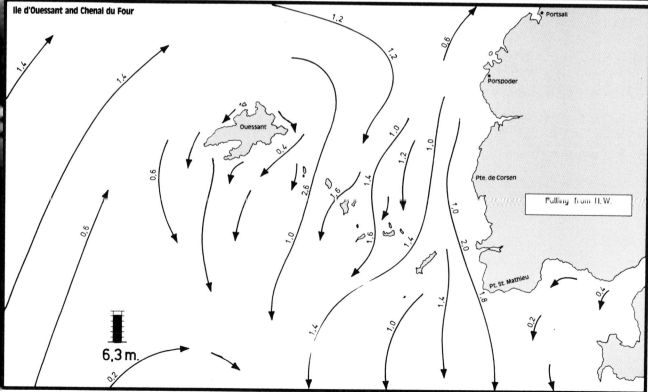

Ile d'Ouessant and Chenal du Four

6,3 m.

Falling from H.W.

Stream Rate Conversion Table

Mean Rate Figure from Chart ▼	Pencil-in height of HW Cherbourg Read from column below pencil mark											
	4.8	5.0	5.2	5.4	5.6	5.8	6.0	6.2	6.4	6.6	6.8
0.2	0.1	0.1	0.1	0.1	0.2	0.2	0.2	0.2	0.3	0.3	0.3	0.3
0.4	0.2	0.2	0.2	0.3	0.3	0.4	0.4	0.5	0.5	0.6	0.6	0.7
0.6	0.2	0.3	0.4	0.4	0.5	0.6	0.7	0.7	0.8	0.9	0.9	1.0
0.8	0.4	0.4	0.5	0.6	0.7	0.8	0.9	1.0	1.1	1.1	1.2	1.3
1.0	0.4	0.5	0.6	0.7	0.9	1.0	1.1	1.2	1.3	1.4	1.5	1.7
1.2	0.5	0.6	0.7	0.9	1.0	1.2	1.3	1.4	1.6	1.7	1.9	2.0
1.4	0.6	0.7	0.9	1.0	1.2	1.4	1.5	1.7	1.8	2.0	2.2	2.3
1.6	0.6	0.8	1.0	1.2	1.4	1.6	1.7	1.9	2.1	2.3	2.5	2.7
1.8	0.7	0.9	1.1	1.3	1.5	1.7	2.0	2.2	2.4	2.6	2.8	3.0
2.0	0.8	1.0	1.2	1.5	1.7	1.9	2.2	2.4	2.6	2.9	3.1	3.3
2.2	0.9	1.1	1.4	1.6	1.9	2.1	2.3	2.6	2.9	3.2	3.4	3.7
2.4	0.9	1.2	1.5	1.8	2.1	2.3	2.6	2.9	3.2	3.4	3.7	4.0
2.6	1.0	1.3	1.6	1.9	2.2	2.5	2.8	3.1	3.4	3.7	4.0	4.3
2.8	1.1	1.4	1.7	2.1	2.4	2.7	3.0	3.4	3.7	4.0	4.3	4.7
3.0	1.2	1.5	1.9	2.2	2.6	2.9	3.2	3.6	4.0	4.3	4.6	5.0
3.2	1.3	1.6	2.0	2.4	2.7	3.1	3.4	3.8	4.2	4.6	4.9	5.3
3.4	1.3	1.7	2.1	2.5	2.9	3.3	3.7	4.1	4.5	4.9	5.3	5.7
3.6	1.4	1.8	2.2	2.7	3.1	3.5	3.9	4.3	4.7	5.2	5.6	6.0
3.8	1.5	1.9	2.4	2.8	3.3	3.7	4.1	4.6	5.0	5.5	5.9	6.3
4.0	1.6	2.0	2.5	3.0	3.4	3.9	4.3	4.8	5.3	5.7	6.2	6.7
4.2	1.7	2.1	2.6	3.1	3.6	4.1	4.6	5.0	5.5	6.0	6.5	7.0
4.4	1.7	2.2	2.7	3.3	3.8	4.3	4.8	5.3	5.8	6.3	6.8	7.3
4.6	1.8	2.3	2.9	3.4	3.9	4.5	5.0	5.5	6.1	6.6	7.1	7.7
4.8	1.9	2.4	3.0	3.6	4.1	4.7	5.2	5.8	6.3	6.9	7.4	8.0
5.0	2.0	2.5	3.1	3.7	4.3	4.9	5.4	6.0	6.6	7.2	7.7	8.3
5.2	2.0	2.6	3.2	3.8	4.4	5.0	5.6	6.2	6.8	7.4	8.0	8.6
5.4	2.1	2.8	3.4	4.0	4.6	5.2	5.7	6.5	7.1	7.7	8.4	9.0
5.6	2.2	2.9	3.5	4.1	4.8	5.4	6.1	6.7	7.4	8.0	8.7	9.3
5.8	2.3	3.0	3.6	4.3	5.0	5.6	6.3	7.0	7.6	8.3	9.0	9.6
6.0	2.4	3.1	3.7	4.4	5.1	5.8	6.5	7.2	7.9	8.6	9.3	9.9

TIDAL HEIGHTS — PORTS & PLACES

Pencil-in height of HW Cherbourg ▶	4.8	5.0	5.2	5.4	5.6	5.8	6.0	6.2	6.4	6.6	6.8
St. Marys	4.0	4.2	4.4	4.6	4.8	5.1	5.3	5.5	5.7	5.9	6.1	6.3
Ports, Chenal du Four and Ile d'Ouessant	5.3	5.5	5.7	5.9	6.1	6.3	6.5	6.7	6.9	7.0	7.2	7.3

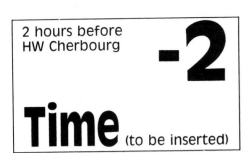

2 hours before HW Cherbourg **-2**

Time (to be inserted)

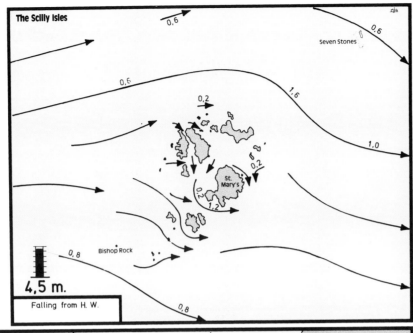

The Scilly Isles

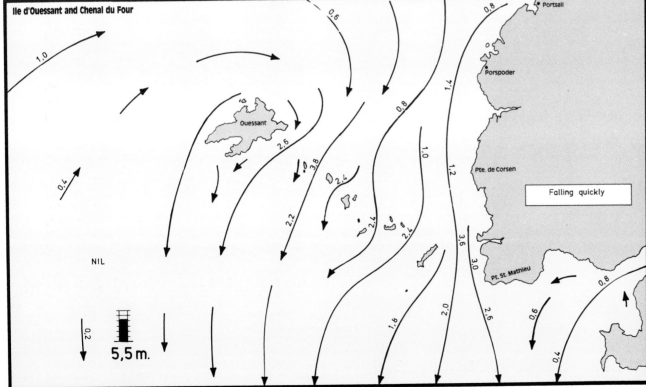

Ile d'Ouessant and Chenal du Four

Nautical Miles

0 — 5

4,5 m.

Falling from H. W.

5,5 m.

Falling quickly

NIL

Stream Rate Conversion Table

Mean Rate Figure from Chart ▼	Pencil-in height of HW Cherbourg — Read from column below pencil mark											
	4.8	5.0	5.2	5.4	5.6	5.8	6.0	6.2	6.4	6.6	6.8	
0.2	0.1	0.1	0.1	0.1	0.2	0.2	0.2	0.2	0.3	0.3	0.3	0.3
0.4	0.2	0.2	0.2	0.3	0.3	0.4	0.4	0.5	0.5	0.6	0.6	0.7
0.6	0.2	0.3	0.4	0.4	0.5	0.6	0.7	0.7	0.8	0.9	0.9	1.0
0.8	0.4	0.4	0.5	0.6	0.7	0.8	0.9	1.0	1.1	1.1	1.2	1.3
1.0	0.4	0.5	0.6	0.7	0.9	1.0	1.1	1.2	1.3	1.4	1.5	1.7
1.2	0.5	0.6	0.7	0.9	1.0	1.2	1.3	1.4	1.6	1.7	1.9	2.0
1.4	0.6	0.7	0.9	1.0	1.2	1.4	1.5	1.7	1.8	2.0	2.2	2.3
1.6	0.6	0.8	1.0	1.2	1.4	1.6	1.7	1.9	2.1	2.3	2.5	2.7
1.8	0.7	0.9	1.1	1.3	1.5	1.7	2.0	2.2	2.4	2.6	2.8	3.0
2.0	0.8	1.0	1.2	1.5	1.7	1.9	2.2	2.4	2.6	2.9	3.1	3.3
2.2	0.9	1.1	1.4	1.6	1.9	2.1	2.3	2.6	2.9	3.2	3.4	3.7
2.4	0.9	1.2	1.5	1.8	2.1	2.3	2.6	2.9	3.2	3.4	3.7	4.0
2.6	1.0	1.3	1.6	1.9	2.2	2.5	2.8	3.1	3.4	3.7	4.0	4.3
2.8	1.1	1.4	1.7	2.1	2.4	2.7	3.0	3.4	3.7	4.0	4.3	4.7
3.0	1.2	1.5	1.9	2.2	2.6	2.9	3.2	3.6	4.0	4.3	4.6	5.0
3.2	1.3	1.6	2.0	2.4	2.7	3.1	3.4	3.8	4.2	4.6	4.9	5.3
3.4	1.3	1.7	2.1	2.5	2.9	3.3	3.7	4.1	4.5	4.9	5.3	5.7
3.6	1.4	1.8	2.2	2.7	3.1	3.5	3.9	4.3	4.7	5.2	5.6	6.0
3.8	1.5	1.9	2.4	2.8	3.3	3.7	4.1	4.6	5.0	5.5	5.9	6.3
4.0	1.6	2.0	2.5	3.0	3.4	3.9	4.3	4.8	5.3	5.7	6.2	6.7
4.2	1.7	2.1	2.6	3.1	3.6	4.1	4.6	5.0	5.5	6.0	6.5	7.0
4.4	1.7	2.2	2.7	3.3	3.8	4.3	4.8	5.3	5.8	6.3	6.8	7.3
4.6	1.8	2.3	2.9	3.4	3.9	4.5	5.0	5.5	6.1	6.6	7.1	7.7
4.8	1.9	2.4	3.0	3.6	4.1	4.7	5.2	5.8	6.3	6.9	7.4	8.0
5.0	2.0	2.5	3.1	3.7	4.3	4.9	5.4	6.0	6.6	7.2	7.7	8.3
5.2	2.0	2.6	3.2	3.8	4.4	5.0	5.6	6.2	6.8	7.4	8.0	8.6
5.4	2.1	2.8	3.4	4.0	4.6	5.2	5.7	6.5	7.1	7.7	8.4	9.0
5.6	2.2	2.9	3.5	4.1	4.8	5.4	6.1	6.7	7.4	8.0	8.7	9.3
5.8	2.3	3.0	3.6	4.3	5.0	5.6	6.3	7.0	7.6	8.3	9.0	9.6
6.0	2.4	3.1	3.7	4.4	5.1	5.8	6.5	7.2	7.9	8.6	9.3	9.9

TIDAL HEIGHTS — PORTS & PLACES

Pencil-in height of HW Cherbourg ▶	4.8	5.0	5.2	5.4	5.6	5.8	6.0	6.2	6.4	6.6	6.8
St. Marys	3.8	4.0	4.2	4.4	4.6	4.7	4.9	5.1	5.3	5.5	5.7	5.9
Ports, Chenal du Four and Ile d'Ouessant	4.8	4.9	5.1	5.2	5.3	5.5	5.6	5.7	5.8	5.9	5.9	6.0

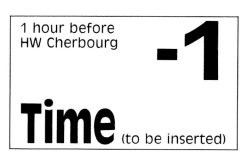

1 hour before HW Cherbourg

-1

Time (to be inserted)

Copyright © J Reeve-Fowkes and
Thomas Reed Publications.
No copying without permission.

0 ————— 5
Nautical Miles

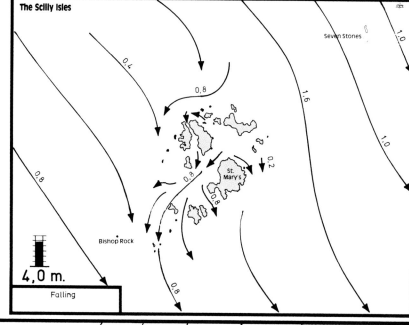

The Scilly Isles

Seven Stones

St. Mary's

Bishop Rock

4,0 m.

Falling

Ile d'Ouessant and Chenal du Four

Ouessant

Portsall
Porspoder
Pte. de Corsen

Falling quickly

Pt. St. Mathieu

4,5 m.

Stream Rate Conversion Table

Mean Rate Figure from Chart ▼	Pencil-in height of HW Cherbourg Read from column below pencil mark											
	4.8	5.0	5.2	5.4	5.6	5.8	6.0	6.2	6.4	6.6	6.8
0.2	0.1	0.1	0.1	0.1	0.2	0.2	0.2	0.2	0.3	0.3	0.3	0.3
0.4	0.2	0.2	0.2	0.3	0.3	0.4	0.4	0.5	0.5	0.6	0.6	0.7
0.6	0.2	0.3	0.4	0.4	0.5	0.6	0.7	0.7	0.8	0.9	0.9	1.0
0.8	0.4	0.4	0.5	0.6	0.7	0.8	0.9	1.0	1.1	1.1	1.2	1.3
1.0	0.4	0.5	0.6	0.7	0.9	1.0	1.1	1.2	1.3	1.4	1.5	1.7
1.2	0.5	0.6	0.7	0.9	1.0	1.2	1.3	1.4	1.6	1.7	1.9	2.0
1.4	0.6	0.7	0.9	1.0	1.2	1.4	1.5	1.7	1.8	2.0	2.2	2.3
1.6	0.6	0.8	1.0	1.2	1.4	1.6	1.7	1.9	2.1	2.3	2.5	2.7
1.8	0.7	0.9	1.1	1.3	1.5	1.7	2.0	2.2	2.4	2.6	2.8	3.0
2.0	0.8	1.0	1.2	1.5	1.7	1.9	2.2	2.4	2.6	2.9	3.1	3.3
2.2	0.9	1.1	1.4	1.6	1.9	2.1	2.3	2.6	2.9	3.2	3.4	3.7
2.4	0.9	1.2	1.5	1.8	2.1	2.3	2.6	2.9	3.2	3.4	3.7	4.0
2.6	1.0	1.3	1.6	1.9	2.2	2.5	2.8	3.1	3.4	3.7	4.0	4.3
2.8	1.1	1.4	1.7	2.1	2.4	2.7	3.0	3.4	3.7	4.0	4.3	4.7
3.0	1.2	1.5	1.9	2.2	2.6	2.9	3.2	3.6	4.0	4.3	4.6	5.0
3.2	1.3	1.6	2.0	2.4	2.7	3.1	3.4	3.8	4.2	4.6	4.9	5.3
3.4	1.3	1.7	2.1	2.5	2.9	3.3	3.7	4.1	4.5	4.9	5.3	5.7
3.6	1.4	1.8	2.2	2.7	3.1	3.5	3.9	4.3	4.7	5.2	5.6	6.0
3.8	1.5	1.9	2.4	2.8	3.3	3.7	4.1	4.6	5.0	5.5	5.9	6.3
4.0	1.6	2.0	2.5	3.0	3.4	3.9	4.3	4.8	5.3	5.7	6.2	6.7
4.2	1.7	2.1	2.6	3.1	3.6	4.1	4.6	5.0	5.5	6.0	6.5	7.0
4.4	1.7	2.2	2.7	3.3	3.8	4.3	4.8	5.3	5.8	6.3	6.8	7.3
4.6	1.8	2.3	2.9	3.4	3.9	4.5	5.0	5.5	6.1	6.6	7.1	7.7
4.8	1.9	2.4	3.0	3.6	4.1	4.7	5.2	5.8	6.3	6.9	7.4	8.0
5.0	2.0	2.5	3.1	3.7	4.3	4.9	5.4	6.0	6.6	7.2	7.7	8.3
5.2	2.0	2.6	3.2	3.8	4.4	5.0	5.6	6.2	6.8	7.4	8.0	8.6
5.4	2.1	2.8	3.4	4.0	4.6	5.2	5.7	6.5	7.1	7.7	8.4	9.0
5.6	2.2	2.9	3.5	4.1	4.8	5.4	6.1	6.7	7.4	8.0	8.7	9.3
5.8	2.3	3.0	3.6	4.3	5.0	5.6	6.3	7.0	7.6	8.3	9.0	9.6
6.0	2.4	3.1	3.7	4.4	5.1	5.8	6.5	7.2	7.9	8.6	9.3	9.9

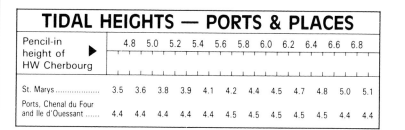

TIDAL HEIGHTS — PORTS & PLACES

Pencil-in height of HW Cherbourg ▶	4.8	5.0	5.2	5.4	5.6	5.8	6.0	6.2	6.4	6.6	6.8
St. Marys	3.5	3.6	3.8	3.9	4.1	4.2	4.4	4.5	4.7	4.8	5.0	5.1
Ports, Chenal du Four and Ile d'Ouessant	4.4	4.4	4.4	4.4	4.4	4.5	4.5	4.5	4.5	4.5	4.4	4.4

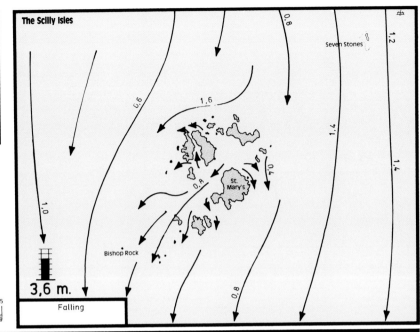

HW

HW Cherbourg

Time (to be inserted)

The Scilly Isles

Seven Stones

St. Mary's

Bishop Rock

3,6 m.

Falling

0
5
Nautical Miles

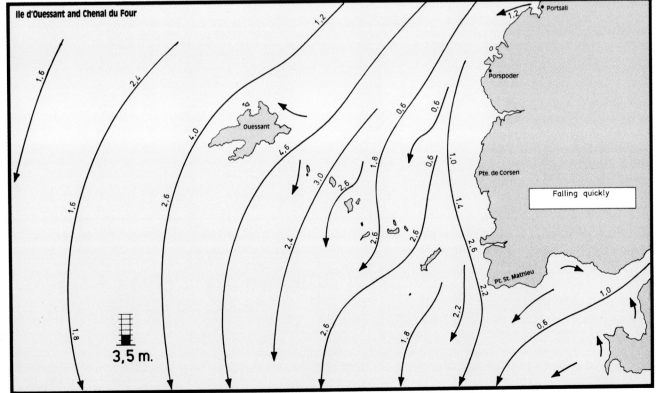

Ile d'Ouessant and Chenal du Four

Portsall

Porspoder

Ouessant

Pte. de Corsen

Falling quickly

Pt. St. Mathieu

3,5 m.

Stream Rate Conversion Table

Mean Rate Figure from Chart ▼	Pencil-in height of HW Cherbourg Read from column below pencil mark											
	4.8	5.0	5.2	5.4	5.6	5.8	6.0	6.2	6.4	6.6	6.8	
0.2	0.1	0.1	0.1	0.1	0.2	0.2	0.2	0.2	0.3	0.3	0.3	0.3
0.4	0.2	0.2	0.2	0.3	0.3	0.4	0.4	0.5	0.5	0.6	0.6	0.7
0.6	0.2	0.3	0.4	0.4	0.5	0.6	0.7	0.7	0.8	0.9	0.9	1.0
0.8	0.4	0.4	0.5	0.6	0.7	0.8	0.9	1.0	1.1	1.1	1.2	1.3
1.0	0.4	0.5	0.6	0.7	0.9	1.0	1.1	1.2	1.3	1.4	1.5	1.7
1.2	0.5	0.6	0.7	0.9	1.0	1.2	1.3	1.4	1.6	1.7	1.9	2.0
1.4	0.6	0.7	0.9	1.0	1.2	1.4	1.5	1.7	1.8	2.0	2.2	2.3
1.6	0.6	0.8	1.0	1.2	1.4	1.6	1.7	1.9	2.1	2.3	2.5	2.7
1.8	0.7	0.9	1.1	1.3	1.5	1.7	2.0	2.2	2.4	2.6	2.8	3.0
2.0	0.8	1.0	1.2	1.5	1.7	1.9	2.2	2.4	2.6	2.9	3.1	3.3
2.2	0.9	1.1	1.4	1.6	1.9	2.1	2.3	2.6	2.9	3.2	3.4	3.7
2.4	0.9	1.2	1.5	1.8	2.1	2.3	2.6	2.9	3.2	3.4	3.7	4.0
2.6	1.0	1.3	1.6	1.9	2.2	2.5	2.8	3.1	3.4	3.7	4.0	4.3
2.8	1.1	1.4	1.7	2.1	2.4	2.7	3.0	3.4	3.7	4.0	4.3	4.7
3.0	1.2	1.5	1.9	2.2	2.6	2.9	3.2	3.6	4.0	4.3	4.6	5.0
3.2	1.3	1.6	2.0	2.4	2.7	3.1	3.4	3.8	4.2	4.6	4.9	5.3
3.4	1.3	1.7	2.1	2.5	2.9	3.3	3.7	4.1	4.5	4.9	5.3	5.7
3.6	1.4	1.8	2.2	2.7	3.1	3.5	3.9	4.3	4.7	5.2	5.6	6.0
3.8	1.5	1.9	2.4	2.8	3.3	3.7	4.1	4.6	5.0	5.5	5.9	6.3
4.0	1.6	2.0	2.5	3.0	3.4	3.9	4.3	4.8	5.3	5.7	6.2	6.7
4.2	1.7	2.1	2.6	3.1	3.6	4.1	4.6	5.0	5.5	6.0	6.5	7.0
4.4	1.7	2.2	2.7	3.3	3.8	4.3	4.8	5.3	5.8	6.3	6.8	7.3
4.6	1.8	2.3	2.9	3.4	3.9	4.5	5.0	5.5	6.1	6.6	7.1	7.7
4.8	1.9	2.4	3.0	3.6	4.1	4.7	5.2	5.8	6.3	6.9	7.4	8.0
5.0	2.0	2.5	3.1	3.7	4.3	4.9	5.4	6.0	6.6	7.2	7.7	8.3
5.2	2.0	2.6	3.2	3.8	4.4	5.0	5.6	6.2	6.8	7.4	8.0	8.6
5.4	2.1	2.8	3.4	4.0	4.6	5.2	5.7	6.5	7.1	7.7	8.4	9.0
5.6	2.2	2.9	3.5	4.1	4.8	5.4	6.1	6.7	7.4	8.0	8.7	9.3
5.8	2.3	3.0	3.6	4.3	5.0	5.6	6.3	7.0	7.6	8.3	9.0	9.6
6.0	2.4	3.1	3.7	4.4	5.1	5.8	6.5	7.2	7.9	8.6	9.3	9.9

TIDAL HEIGHTS — PORTS & PLACES

Pencil-in height of HW Cherbourg ▶	4.8	5.0	5.2	5.4	5.6	5.8	6.0	6.2	6.4	6.6	6.8
St. Marys	3.1	3.2	3.2	3.3	3.4	3.4	3.5	3.5	3.6	3.7	3.7	3.8
Ports, Chenal du Four and Ile d'Ouessant	3.9	3.8	3.8	3.7	3.6	3.5	3.4	3.3	3.2	3.1	2.9	2.8

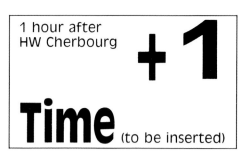

1 hour after
HW Cherbourg

+1

Time (to be inserted)

0 ———— 5
Nautical Miles

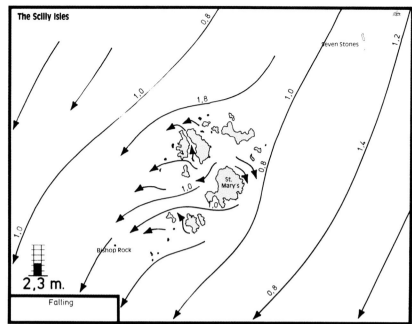

The Scilly Isles

2,3 m.

Falling

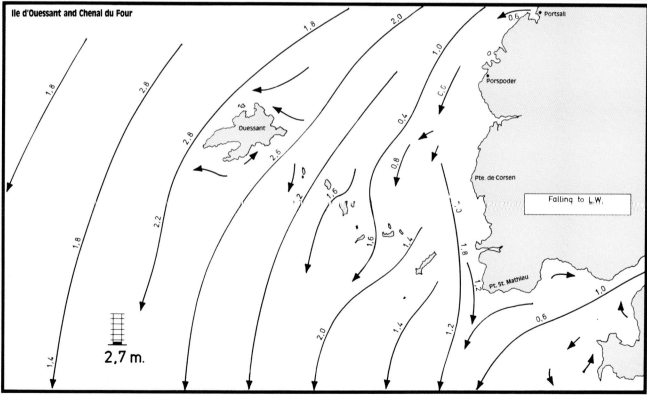

Ile d'Ouessant and Chenal du Four

2,7 m.

Falling to L.W.

Stream Rate Conversion Table

Mean Rate Figure from Chart ▼	Pencil-in height of HW Cherbourg Read from column below pencil mark										
	4.8	5.0	5.2	5.4	5.6	5.8	6.0	6.2	6.4	6.6	6.8
0.2	0.1	0.1	0.1	0.1	0.2	0.2	0.2	0.2	0.3	0.3	0.3	0.3
0.4	0.2	0.2	0.2	0.3	0.3	0.4	0.4	0.5	0.5	0.6	0.6	0.7
0.6	0.2	0.3	0.4	0.4	0.5	0.6	0.7	0.7	0.8	0.9	0.9	1.0
0.8	0.4	0.4	0.5	0.6	0.7	0.8	0.9	1.0	1.1	1.1	1.2	1.3
1.0	0.4	0.5	0.6	0.7	0.9	1.0	1.1	1.2	1.3	1.4	1.5	1.7
1.2	0.5	0.6	0.7	0.9	1.0	1.2	1.3	1.4	1.6	1.7	1.9	2.0
1.4	0.6	0.7	0.9	1.0	1.2	1.4	1.5	1.7	1.8	2.0	2.2	2.3
1.6	0.6	0.8	1.0	1.2	1.4	1.6	1.7	1.9	2.1	2.3	2.5	2.7
1.8	0.7	0.9	1.1	1.3	1.5	1.7	2.0	2.2	2.4	2.6	2.8	3.0
2.0	0.8	1.0	1.2	1.5	1.7	1.9	2.2	2.4	2.6	2.9	3.1	3.3
2.2	0.9	1.1	1.4	1.6	1.9	2.1	2.3	2.6	2.9	3.2	3.4	3.7
2.4	0.9	1.2	1.5	1.8	2.1	2.3	2.6	2.9	3.2	3.4	3.7	4.0
2.6	1.0	1.3	1.6	1.9	2.2	2.5	2.8	3.1	3.4	3.7	4.0	4.3
2.8	1.1	1.4	1.7	2.1	2.4	2.7	3.0	3.4	3.7	4.0	4.3	4.7
3.0	1.2	1.5	1.9	2.2	2.6	2.9	3.2	3.6	4.0	4.3	4.6	5.0
3.2	1.3	1.6	2.0	2.4	2.7	3.1	3.4	3.8	4.2	4.6	4.9	5.3
3.4	1.3	1.7	2.1	2.5	2.9	3.3	3.7	4.1	4.5	4.9	5.3	5.7
3.6	1.4	1.8	2.2	2.7	3.1	3.5	3.9	4.3	4.7	5.2	5.6	6.0
3.8	1.5	1.9	2.4	2.8	3.3	3.7	4.1	4.6	5.0	5.5	5.9	6.3
4.0	1.6	2.0	2.5	3.0	3.4	3.9	4.3	4.8	5.3	5.7	6.2	6.7
4.2	1.7	2.1	2.6	3.1	3.6	4.1	4.6	5.0	5.5	6.0	6.5	7.0
4.4	1.7	2.2	2.7	3.3	3.8	4.3	4.8	5.3	5.8	6.3	6.8	7.3
4.6	1.8	2.3	2.9	3.4	3.9	4.5	5.0	5.5	6.1	6.6	7.1	7.7
4.8	1.9	2.4	3.0	3.6	4.1	4.7	5.2	5.8	6.3	6.9	7.4	8.0
5.0	2.0	2.5	3.1	3.7	4.3	4.9	5.4	6.0	6.6	7.2	7.7	8.3
5.2	2.0	2.6	3.2	3.8	4.4	5.0	5.6	6.2	6.8	7.4	8.0	8.6
5.4	2.1	2.8	3.4	4.0	4.6	5.2	5.7	6.5	7.1	7.7	8.4	9.0
5.6	2.2	2.9	3.5	4.1	4.8	5.4	6.1	6.7	7.4	8.0	8.7	9.3
5.8	2.3	3.0	3.6	4.3	5.0	5.6	6.3	7.0	7.6	8.3	9.0	9.6
6.0	2.4	3.1	3.7	4.4	5.1	5.8	6.5	7.2	7.9	8.6	9.3	9.9

TIDAL HEIGHTS — PORTS & PLACES

Pencil-in height of HW Cherbourg ▶	4.8	5.0	5.2	5.4	5.6	5.8	6.0	6.2	6.4	6.6	6.8
St. Marys	2.6	2.6	2.6	2.6	2.5	2.5	2.5	2.4	2.4	2.4	2.4	2.3
Ports, Chenal du Four and Ile d'Ouessant	3.5	3.3	3.1	2.9	2.8	2.6	2.4	2.3	2.1	1.9	1.7	1.5

2 hours after HW Cherbourg **+2**

Time (to be inserted)

0 ——————— 5
Nautical Miles

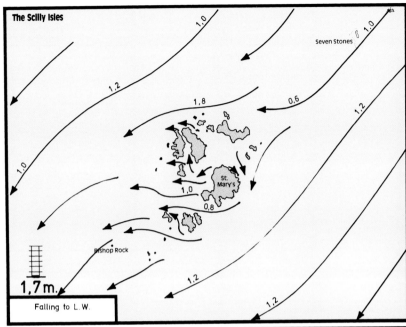

The Scilly Isles

Seven Stones

St. Mary's

Bishop Rock

1,7 m.

Falling to L.W.

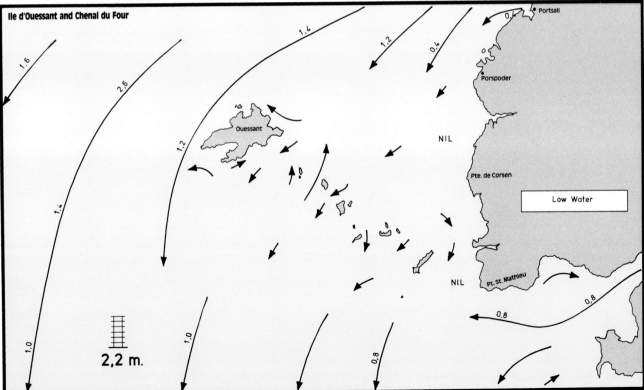

Ile d'Ouessant and Chenal du Four

Portsall

Porspoder

NIL

Pte. de Corsen

Ouessant

Low Water

NIL

Pt. St. Mathieu

2,2 m.

Stream Rate Conversion Table

Mean Rate Figure from Chart ▼	Pencil-in height of HW Cherbourg Read from column below pencil mark											
	4.8	5.0	5.2	5.4	5.6	5.8	6.0	6.2	6.4	6.6	6.8	
0.2	0.1	0.1	0.1	0.1	0.2	0.2	0.2	0.2	0.3	0.3	0.3	0.3
0.4	0.2	0.2	0.2	0.3	0.3	0.4	0.4	0.5	0.5	0.6	0.6	0.7
0.6	0.2	0.3	0.4	0.4	0.5	0.6	0.7	0.7	0.8	0.9	0.9	1.0
0.8	0.4	0.4	0.5	0.6	0.7	0.8	0.9	1.0	1.1	1.1	1.2	1.3
1.0	0.4	0.5	0.6	0.7	0.9	1.0	1.1	1.2	1.3	1.4	1.5	1.7
1.2	0.5	0.6	0.7	0.9	1.0	1.2	1.3	1.4	1.6	1.7	1.9	2.0
1.4	0.6	0.7	0.9	1.0	1.2	1.4	1.5	1.7	1.8	2.0	2.2	2.3
1.6	0.6	0.8	1.0	1.2	1.4	1.6	1.7	1.9	2.1	2.3	2.5	2.7
1.8	0.7	0.9	1.1	1.3	1.5	1.7	2.0	2.2	2.4	2.6	2.8	3.0
2.0	0.8	1.0	1.2	1.5	1.7	1.9	2.2	2.4	2.6	2.9	3.1	3.3
2.2	0.9	1.1	1.4	1.6	1.9	2.1	2.3	2.6	2.9	3.2	3.4	3.7
2.4	0.9	1.2	1.5	1.8	2.1	2.3	2.6	2.9	3.2	3.4	3.7	4.0
2.6	1.0	1.3	1.6	1.9	2.2	2.5	2.8	3.1	3.4	3.7	4.0	4.3
2.8	1.1	1.4	1.7	2.1	2.4	2.7	3.0	3.4	3.7	4.0	4.3	4.7
3.0	1.2	1.5	1.9	2.2	2.6	2.9	3.2	3.6	4.0	4.3	4.6	5.0
3.2	1.3	1.6	2.0	2.4	2.7	3.1	3.4	3.8	4.2	4.6	4.9	5.3
3.4	1.3	1.7	2.1	2.5	2.9	3.3	3.7	4.1	4.5	4.9	5.3	5.7
3.6	1.4	1.8	2.2	2.7	3.1	3.5	3.9	4.3	4.7	5.2	5.6	6.0
3.8	1.5	1.9	2.4	2.8	3.3	3.7	4.1	4.6	5.0	5.5	5.9	6.3
4.0	1.6	2.0	2.5	3.0	3.4	3.9	4.3	4.8	5.3	5.7	6.2	6.7
4.2	1.7	2.1	2.6	3.1	3.6	4.1	4.6	5.0	5.5	6.0	6.5	7.0
4.4	1.7	2.2	2.7	3.3	3.8	4.3	4.8	5.3	5.8	6.3	6.8	7.3
4.6	1.8	2.3	2.9	3.4	3.9	4.5	5.0	5.5	6.1	6.6	7.1	7.7
4.8	1.9	2.4	3.0	3.6	4.1	4.7	5.2	5.8	6.3	6.9	7.4	8.0
5.0	2.0	2.5	3.1	3.7	4.3	4.9	5.4	6.0	6.6	7.2	7.7	8.3
5.2	2.0	2.6	3.2	3.8	4.4	5.0	5.6	6.2	6.8	7.4	8.0	8.6
5.4	2.1	2.8	3.4	4.0	4.6	5.2	5.7	6.5	7.1	7.7	8.4	9.0
5.6	2.2	2.9	3.5	4.1	4.8	5.4	6.1	6.7	7.4	8.0	8.7	9.3
5.8	2.3	3.0	3.6	4.3	5.0	5.6	6.3	7.0	7.6	8.3	9.0	9.6
6.0	2.4	3.1	3.7	4.4	5.1	5.8	6.5	7.2	7.9	8.6	9.3	9.9

TIDAL HEIGHTS — PORTS & PLACES

Pencil-in height of HW Cherbourg ▶	4.8	5.0	5.2	5.4	5.6	5.8	6.0	6.2	6.4	6.6	6.8
St. Marys	2.4	2.3	2.1	2.0	1.9	1.7	1.6	1.4	1.3	1.2	1.1
Ports, Chenal du Four and Ile d'Ouessant	3.3	3.0	2.8	2.5	2.3	2.0	1.8	1.5	1.3	1.1	0.8

3 hours after HW Cherbourg **+3**

Time (to be inserted)

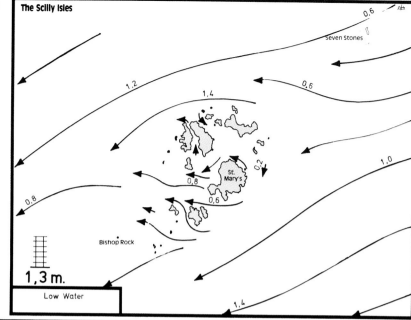

The Scilly Isles

Seven Stones

0.6

1.2

1.4

St. Mary's

0.8

0.6

Bishop Rock

1.0

1.4

1,3 m.

Low Water

0 Nautical Miles 5

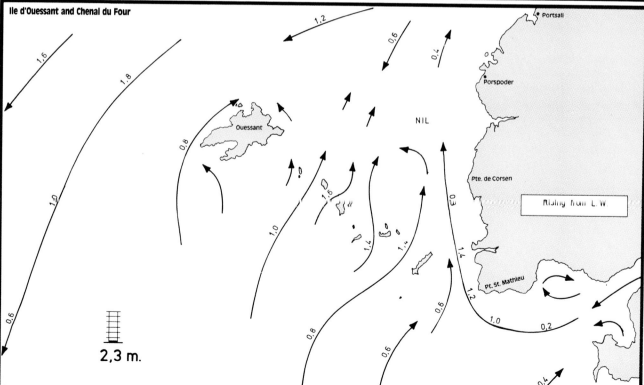

Ile d'Ouessant and Chenal du Four

Portsail

1.2

0.6

0.4

Porspoder

1.6

1.8

0.8

Ouessant

NIL

Pte. de Corsen

Rising from L.W.

1.0

0.6

1.0

1.4

1.4

Pt. St. Mathieu

1.2

0.8

0.6

1.0

0.2

0.4

2,3 m.

Stream Rate Conversion Table

Mean Rate Figure from Chart ▼	Pencil-in height of HW Cherbourg Read from column below pencil mark											
	4.8	5.0	5.2	5.4	5.6	5.8	6.0	6.2	6.4	6.6	6.8
0.2	0.1	0.1	0.1	0.1	0.2	0.2	0.2	0.2	0.3	0.3	0.3	0.3
0.4	0.2	0.2	0.2	0.3	0.3	0.4	0.4	0.5	0.5	0.6	0.6	0.7
0.6	0.2	0.3	0.4	0.4	0.5	0.6	0.7	0.7	0.8	0.9	0.9	1.0
0.8	0.4	0.4	0.5	0.6	0.7	0.8	0.9	1.0	1.1	1.1	1.2	1.3
1.0	0.4	0.5	0.6	0.7	0.9	1.0	1.1	1.2	1.3	1.4	1.5	1.7
1.2	0.5	0.6	0.7	0.9	1.0	1.2	1.3	1.4	1.6	1.7	1.9	2.0
1.4	0.6	0.7	0.9	1.0	1.2	1.4	1.5	1.7	1.8	2.0	2.2	2.3
1.6	0.6	0.8	1.0	1.2	1.4	1.6	1.7	1.9	2.1	2.3	2.5	2.7
1.8	0.7	0.9	1.1	1.3	1.5	1.7	2.0	2.2	2.4	2.6	2.8	3.0
2.0	0.8	1.0	1.3	1.5	1.7	1.9	2.2	2.4	2.6	2.9	3.1	3.3
2.2	0.9	1.1	1.4	1.6	1.9	2.1	2.3	2.6	2.9	3.2	3.4	3.7
2.4	0.9	1.2	1.5	1.8	2.1	2.3	2.6	2.9	3.2	3.4	3.7	4.0
2.6	1.0	1.3	1.6	1.9	2.2	2.5	2.8	3.1	3.4	3.7	4.0	4.3
2.8	1.1	1.4	1.7	2.1	2.4	2.7	3.0	3.4	3.7	4.0	4.3	4.7
3.0	1.2	1.5	1.9	2.2	2.6	2.9	3.2	3.6	4.0	4.3	4.6	5.0
3.2	1.3	1.6	2.0	2.4	2.7	3.1	3.4	3.8	4.2	4.6	4.9	5.3
3.4	1.3	1.7	2.1	2.5	2.9	3.3	3.7	4.1	4.5	4.9	5.3	5.7
3.6	1.4	1.8	2.2	2.7	3.1	3.5	3.9	4.3	4.7	5.2	5.6	6.0
3.8	1.5	1.9	2.4	2.8	3.3	3.7	4.1	4.6	5.0	5.5	5.9	6.3
4.0	1.6	2.0	2.5	3.0	3.4	3.9	4.3	4.8	5.3	5.7	6.2	6.7
4.2	1.7	2.1	2.6	3.1	3.6	4.1	4.6	5.0	5.5	6.0	6.5	7.0
4.4	1.7	2.2	2.7	3.3	3.8	4.3	4.8	5.3	5.8	6.3	6.8	7.3
4.6	1.8	2.3	2.9	3.4	3.9	4.5	5.0	5.5	6.1	6.6	7.1	7.7
4.8	1.9	2.4	3.0	3.6	4.1	4.7	5.2	5.8	6.3	6.9	7.4	8.0
5.0	2.0	2.5	3.1	3.7	4.3	4.9	5.4	6.0	6.6	7.2	7.7	8.3
5.2	2.0	2.6	3.2	3.8	4.4	5.0	5.6	6.2	6.8	7.4	8.0	8.6
5.4	2.1	2.8	3.4	4.0	4.6	5.2	5.7	6.5	7.1	7.7	8.4	9.0
5.6	2.2	2.9	3.5	4.1	4.8	5.4	6.1	6.7	7.4	8.0	8.7	9.3
5.8	2.3	3.0	3.6	4.3	5.0	5.6	6.3	7.0	7.6	8.3	9.0	9.6
6.0	2.4	3.1	3.7	4.4	5.1	5.8	6.5	7.2	7.9	8.6	9.3	9.9

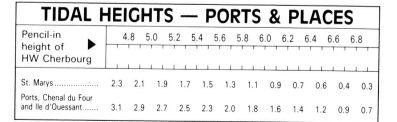

TIDAL HEIGHTS — PORTS & PLACES

Pencil-in height of HW Cherbourg ▶	4.8	5.0	5.2	5.4	5.6	5.8	6.0	6.2	6.4	6.6	6.8
St. Marys	2.3	2.1	1.9	1.7	1.5	1.3	1.1	0.9	0.7	0.6	0.4	0.3
Ports, Chenal du Four and Ile d'Ouessant	3.1	2.9	2.7	2.5	2.3	2.0	1.8	1.6	1.4	1.2	0.9	0.7

4 hours after HW Cherbourg **+4**

Time (to be inserted)

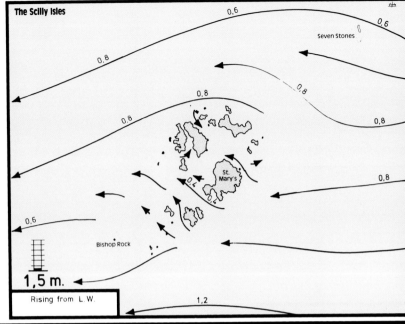

The Scilly Isles

Seven Stones

St. Mary's

Bishop Rock

1,5 m.

Rising from L.W.

Nautical Miles

0   5

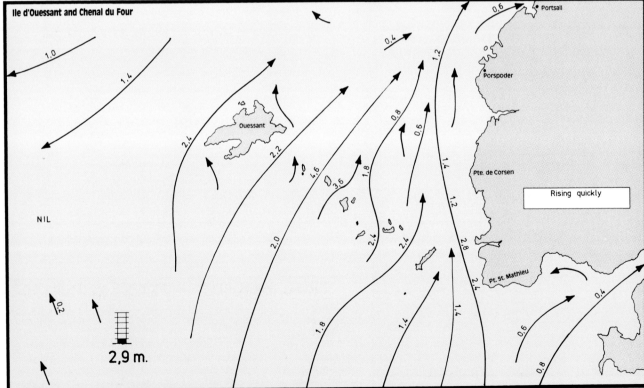

Ile d'Ouessant and Chenal du Four

Portsall

Porspoder

Ouessant

Pte. de Corsen

Rising quickly

NIL

Pt. St. Mathieu

2,9 m.

Stream Rate Conversion Table

Mean Rate Figure from Chart ▼	Pencil-in height of HW Cherbourg Read from column below pencil mark											
	4.8	5.0	5.2	5.4	5.6	5.8	6.0	6.2	6.4	6.6	6.8	
0.2	0.1	0.1	0.1	0.1	0.2	0.2	0.2	0.2	0.3	0.3	0.3	0.3
0.4	0.2	0.2	0.2	0.3	0.3	0.4	0.4	0.5	0.5	0.6	0.6	0.7
0.6	0.2	0.3	0.4	0.4	0.5	0.6	0.7	0.7	0.8	0.9	0.9	1.0
0.8	0.4	0.4	0.5	0.6	0.7	0.8	0.9	1.0	1.1	1.1	1.2	1.3
1.0	0.4	0.5	0.6	0.7	0.9	1.0	1.1	1.2	1.3	1.4	1.5	1.7
1.2	0.5	0.6	0.7	0.9	1.0	1.2	1.3	1.4	1.6	1.7	1.9	2.0
1.4	0.6	0.7	0.9	1.0	1.2	1.4	1.5	1.7	1.8	2.0	2.2	2.3
1.6	0.6	0.8	1.0	1.2	1.4	1.6	1.7	1.9	2.1	2.3	2.5	2.7
1.8	0.7	0.9	1.1	1.3	1.5	1.7	2.0	2.2	2.4	2.6	2.8	3.0
2.0	0.8	1.0	1.2	1.5	1.7	1.9	2.2	2.4	2.6	2.9	3.1	3.3
2.2	0.9	1.1	1.4	1.6	1.9	2.1	2.3	2.6	2.9	3.2	3.4	3.7
2.4	0.9	1.2	1.5	1.8	2.1	2.3	2.6	2.9	3.2	3.4	3.7	4.0
2.6	1.0	1.3	1.6	1.9	2.2	2.5	2.8	3.1	3.4	3.7	4.0	4.3
2.8	1.1	1.4	1.7	2.1	2.4	2.7	3.0	3.4	3.7	4.0	4.3	4.7
3.0	1.2	1.5	1.9	2.2	2.6	2.9	3.2	3.6	4.0	4.3	4.6	5.0
3.2	1.3	1.6	2.4	2.7	3.1	3.4	3.8	4.2	4.6	4.9	5.3	
3.4	1.3	1.7	2.1	2.5	2.9	3.3	3.7	4.1	4.5	4.9	5.3	5.7
3.6	1.4	1.8	2.2	2.7	3.1	3.5	3.9	4.3	4.7	5.2	5.6	6.0
3.8	1.5	1.9	2.4	2.8	3.3	3.7	4.1	4.6	5.0	5.5	5.9	6.3
4.0	1.6	2.0	2.5	3.0	3.4	3.9	4.3	4.8	5.3	5.7	6.2	6.7
4.2	1.7	2.1	2.6	3.1	3.6	4.1	4.6	5.0	5.5	6.0	6.5	7.0
4.4	1.7	2.2	2.7	3.3	3.8	4.3	4.8	5.3	5.8	6.3	6.8	7.3
4.6	1.8	2.3	2.9	3.4	3.9	4.5	5.0	5.5	6.1	6.6	7.1	7.7
4.8	1.9	2.4	3.0	3.6	4.1	4.7	5.2	5.8	6.3	6.9	7.4	8.0
5.0	2.0	2.5	3.1	3.7	4.3	4.9	5.4	6.0	6.6	7.2	7.7	8.3
5.2	2.0	2.6	3.2	3.8	4.4	5.0	5.6	6.2	6.8	7.4	8.0	8.6
5.4	2.1	2.8	3.4	4.0	4.6	5.2	5.7	6.5	7.1	7.7	8.4	9.0
5.6	2.2	2.9	3.5	4.1	4.8	5.4	6.1	6.7	7.4	8.0	8.7	9.3
5.8	2.3	3.0	3.6	4.3	5.0	5.6	6.3	7.0	7.6	8.3	9.0	9.6
6.0	2.4	3.1	3.7	4.4	5.1	5.8	6.5	7.2	7.9	8.6	9.3	9.9

TIDAL HEIGHTS — PORTS & PLACES

Pencil-in height of HW Cherbourg ▶	4.8	5.0	5.2	5.4	5.6	5.8	6.0	6.2	6.4	6.6	6.8
St. Marys	2.3	2.1	2.0	1.9	1.7	1.6	1.4	1.3	1.1	1.0	0.8
Ports, Chenal du Four and Ile d'Ouessant	3.4	3.3	3.1	3.0	2.9	2.7	2.6	2.4	2.3	2.1	2.0

5 hours after HW Cherbourg

+5

Time (to be inserted)

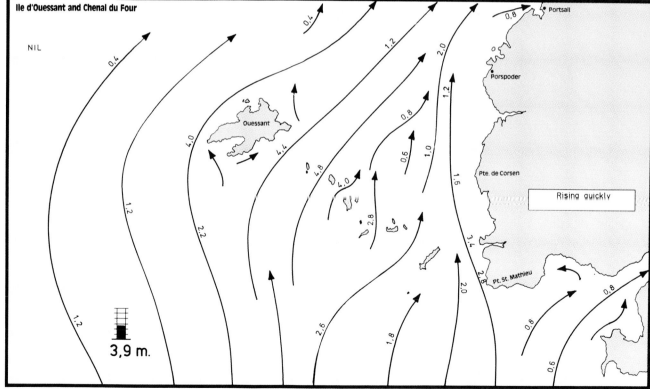

The Scilly Isles

Seven Stones

St. Mary's

Bishop Rock

2,3 m.

Rising

0 — 5
Nautical Miles

Ile d'Ouessant and Chenal du Four

NIL

Ouessant

Portsall

Porspoder

Pte. de Corsen

Rising quickly

Pt. St. Mathieu

3,9 m.

Stream Rate Conversion Table

Mean Rate Figure from Chart ▼	Pencil-in height of HW Cherbourg Read from column below pencil mark										
	4.8	5.0	5.2	5.4	5.6	5.8	6.0	6.2	6.4	6.6	6.8
0.2	0.1	0.1	0.1	0.1	0.2	0.2	0.2	0.2	0.3	0.3	0.3	0.3
0.4	0.2	0.2	0.2	0.3	0.3	0.4	0.4	0.5	0.5	0.6	0.6	0.7
0.6	0.2	0.3	0.4	0.4	0.5	0.6	0.7	0.7	0.8	0.9	0.9	1.0
0.8	0.4	0.4	0.5	0.6	0.7	0.8	0.9	1.0	1.1	1.1	1.2	1.3
1.0	0.4	0.5	0.6	0.7	0.9	1.0	1.1	1.2	1.3	1.4	1.5	1.7
1.2	0.5	0.6	0.7	0.9	1.0	1.2	1.3	1.4	1.6	1.7	1.9	2.0
1.4	0.6	0.7	0.9	1.0	1.2	1.4	1.5	1.7	1.8	2.0	2.2	2.3
1.6	0.6	0.8	1.0	1.2	1.4	1.6	1.7	1.9	2.1	2.3	2.5	2.7
1.8	0.7	0.9	1.1	1.3	1.5	1.7	2.0	2.2	2.4	2.6	2.8	3.0
2.0	0.8	1.0	1.2	1.5	1.7	1.9	2.2	2.4	2.6	2.9	3.1	3.3
2.2	0.9	1.1	1.4	1.6	1.9	2.1	2.3	2.6	2.9	3.2	3.4	3.7
2.4	0.9	1.2	1.5	1.8	2.1	2.3	2.6	2.9	3.2	3.4	3.7	4.0
2.6	1.0	1.3	1.6	1.9	2.2	2.5	2.8	3.1	3.4	3.7	4.0	4.3
2.8	1.1	1.4	1.7	2.1	2.4	2.7	3.0	3.4	3.7	4.0	4.3	4.7
3.0	1.2	1.5	1.9	2.2	2.6	2.9	3.2	3.6	4.0	4.3	4.6	5.0
3.2	1.3	1.6	2.0	2.4	2.7	3.1	3.4	3.8	4.2	4.6	4.9	5.3
3.4	1.3	1.7	2.1	2.5	2.9	3.3	3.7	4.1	4.5	4.9	5.3	5.7
3.6	1.4	1.8	2.2	2.7	3.1	3.5	3.9	4.3	4.7	5.2	5.6	6.0
3.8	1.5	1.9	2.4	2.8	3.3	3.7	4.1	4.6	5.0	5.5	5.9	6.3
4.0	1.6	2.0	2.5	3.0	3.4	3.9	4.3	4.8	5.3	5.7	6.2	6.7
4.2	1.7	2.1	2.6	3.1	3.6	4.1	4.6	5.0	5.5	6.0	6.5	7.0
4.4	1.7	2.2	2.7	3.3	3.8	4.3	4.8	5.3	5.8	6.3	6.8	7.3
4.6	1.8	2.3	2.9	3.4	3.9	4.5	5.0	5.5	6.1	6.6	7.1	7.7
4.8	1.9	2.4	3.0	3.6	4.1	4.7	5.2	5.8	6.3	6.9	7.4	8.0
5.0	2.0	2.5	3.1	3.7	4.3	4.9	5.4	6.0	6.6	7.2	7.7	8.3
5.2	2.0	2.6	3.2	3.8	4.4	5.0	5.6	6.2	6.8	7.4	8.0	8.6
5.4	2.1	2.8	3.4	4.0	4.6	5.2	5.7	6.5	7.1	7.7	8.4	9.0
5.6	2.2	2.9	3.5	4.1	4.8	5.4	6.1	6.7	7.4	8.0	8.7	9.3
5.8	2.3	3.0	3.6	4.3	5.0	5.6	6.3	7.0	7.6	8.3	9.0	9.6
6.0	2.4	3.1	3.7	4.4	5.1	5.8	6.5	7.2	7.9	8.6	9.3	9.9

TIDAL HEIGHTS — PORTS & PLACES

Pencil-in height of HW Cherbourg ▶	4.8	5.0	5.2	5.4	5.6	5.8	6.0	6.2	6.4	6.6	6.8
St. Marys	2.7	2.6	2.6	2.5	2.5	2.4	2.4	2.3	2.3	2.3	2.2	2.2
Ports, Chenal du Four and Ile d'Ouessant	3.8	3.8	3.8	3.8	3.8	3.8	3.8	3.8	3.8	3.7	3.7	3.6

6 hours after HW Cherbourg

+6

Time (to be inserted)

Copyright © J Reeve-Fowkes and Thomas Reed Publications. No copying without permission.

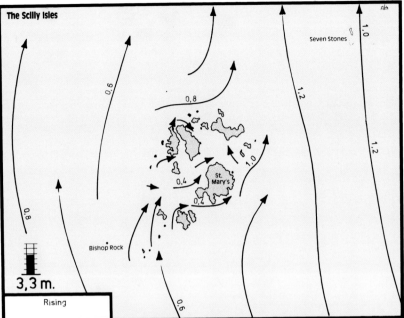

The Scilly Isles

Seven Stones

St. Mary's

Bishop Rock

3,3 m.

Rising

0 Nautical Miles 5

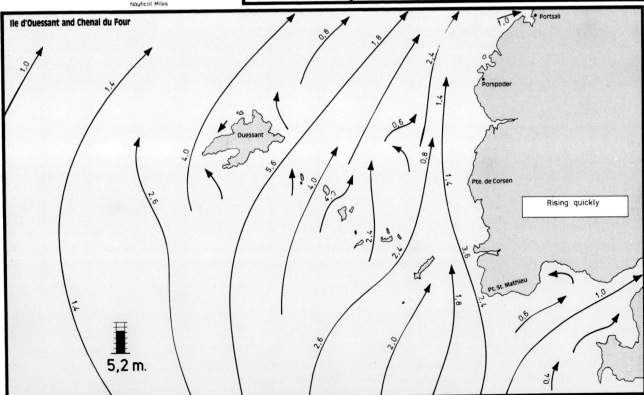

Ile d'Ouessant and Chenal du Four

Portsall

Porspoder

Ouessant

Pte. de Corsen

Rising quickly

Pt. St. Mathieu

5,2 m.

Stream Rate Conversion Table

Mean Rate Figure from Chart ▼	Pencil-in height of HW Cherbourg Read from column below pencil mark										
	4.8	5.0	5.2	5.4	5.6	5.8	6.0	6.2	6.4	6.6	6.8
0.2	0.1	0.1	0.1	0.1	0.2	0.2	0.2	0.2	0.3	0.3	0.3	0.3
0.4	0.2	0.2	0.2	0.3	0.3	0.4	0.4	0.5	0.5	0.6	0.6	0.7
0.6	0.2	0.3	0.4	0.4	0.5	0.6	0.7	0.7	0.8	0.9	0.9	1.0
0.8	0.4	0.4	0.5	0.6	0.7	0.8	0.9	1.0	1.1	1.1	1.2	1.3
1.0	0.4	0.5	0.6	0.7	0.9	1.0	1.1	1.2	1.3	1.4	1.5	1.7
1.2	0.5	0.6	0.7	0.9	1.0	1.2	1.3	1.4	1.6	1.7	1.9	2.0
1.4	0.6	0.7	0.9	1.0	1.2	1.4	1.5	1.7	1.8	2.0	2.2	2.3
1.6	0.6	0.8	1.0	1.2	1.4	1.6	1.7	1.9	2.1	2.3	2.5	2.7
1.8	0.7	0.9	1.1	1.3	1.5	1.7	2.0	2.2	2.4	2.6	2.8	3.0
2.0	0.8	1.0	1.2	1.5	1.7	1.9	2.2	2.4	2.6	2.9	3.1	3.3
2.2	0.9	1.1	1.4	1.6	1.9	2.1	2.3	2.6	2.9	3.2	3.4	3.7
2.4	0.9	1.2	1.5	1.8	2.1	2.3	2.6	2.9	3.2	3.4	3.7	4.0
2.6	1.0	1.3	1.6	1.9	2.2	2.5	2.8	3.1	3.4	3.7	4.0	4.3
2.8	1.1	1.4	1.7	2.1	2.4	2.7	3.0	3.4	3.7	4.0	4.3	4.7
3.0	1.2	1.5	1.9	2.2	2.6	2.9	3.2	3.6	4.0	4.3	4.6	5.0
3.2	1.3	1.6	2.0	2.4	2.7	3.1	3.4	3.8	4.2	4.6	4.9	5.3
3.4	1.3	1.7	2.1	2.5	2.9	3.3	3.7	4.1	4.5	4.9	5.3	5.7
3.6	1.4	1.8	2.2	2.7	3.1	3.5	3.9	4.3	4.7	5.2	5.6	6.0
3.8	1.5	1.9	2.4	2.8	3.3	3.7	4.1	4.6	5.0	5.5	5.9	6.3
4.0	1.6	2.0	2.5	3.0	3.4	3.9	4.3	4.8	5.3	5.7	6.2	6.7
4.2	1.7	2.1	2.6	3.1	3.6	4.1	4.6	5.0	5.5	6.0	6.5	7.0
4.4	1.7	2.2	2.7	3.3	3.8	4.3	4.8	5.3	5.8	6.3	6.8	7.3
4.6	1.8	2.3	2.9	3.4	3.9	4.5	5.0	5.5	6.1	6.6	7.1	7.7
4.8	1.9	2.4	3.0	3.6	4.1	4.7	5.2	5.8	6.3	6.9	7.4	8.0
5.0	2.0	2.5	3.1	3.7	4.3	4.9	5.4	6.0	6.6	7.2	7.7	8.3
5.2	2.0	2.6	3.2	3.8	4.4	5.0	5.6	6.2	6.8	7.4	8.0	8.6
5.4	2.1	2.8	3.4	4.0	4.6	5.2	5.7	6.5	7.1	7.7	8.4	9.0
5.6	2.2	2.9	3.5	4.1	4.8	5.4	6.1	6.7	7.4	8.0	8.7	9.3
5.8	2.3	3.0	3.6	4.3	5.0	5.6	6.3	7.0	7.6	8.3	9.0	9.6
6.0	2.4	3.1	3.7	4.4	5.1	5.8	6.5	7.2	7.9	8.6	9.3	9.9

TIDAL HEIGHTS — PORTS & PLACES

Pencil-in height of HW Cherbourg ▶	4.8	5.0	5.2	5.4	5.6	5.8	6.0	6.2	6.4	6.6	6.8
St. Marys	3.1	3.2	3.2	3.3	3.4	3.5	3.5	3.6	3.7	3.8	3.9	4
Ports, Chenal du Four and Ile d'Ouessant	4.3	4.4	4.6	4.8	4.9	5.0	5.2	5.3	5.4	5.5	5.6	5